付加価値は新たな創造

社会福祉法人 千種会の挑戦

鼎談者
岸本 敦
森脇 恵美
塚口 伍喜夫

編集者
森脇 恵美
塚口 伍喜夫
神谷 知美

出版企画
NPO法人福祉サービス経営調査会
社会福祉法人 千種会

大学教育出版

はじめに

社会福祉法人千種会が創り出す付加価値の創造について

私と岸本氏とは、平成4年頃に私が介護施設を造りたいと銀行に話をし、土地を姫路市御立に見つけた頃に、誰の紹介であったか忘れましたがお会いしました。その後、岸本氏から花房氏を紹介してもらい介護について教えを頂きました。

最初に会った時は、彼はまだ若く（今でも若いですが）私が39歳の時でした。その時すでに、宍粟市の千種町にご両親が開設された特別養護老人ホーム「ちくさの郷」を事実上、経営されていました。

その後、小室ゼミでよく一緒になり施設経営について話をしました。彼の考えは独創的で、福祉分野だけにとどまらず、ホテルや企業経営に関する幅広い分野まで網羅した考えを持っていることを知りました。私も福祉分野で育ったものではないので、施設経営について一致することが多々ありました。話をしている時は、私にとってとても楽しい時間でした。

平成26年11月に、ベトナムのホーチミンへ介護専門学校や介護施設の見学に岸本氏と一緒に行ったことがあります。その時、飛行機の中やホテルで施設経営のことについて話をしました。私は、民間の会社経営もしたことがありましたので、彼の考え方はとても先進的で、服装から言葉遣いまで高級ホテルのコンシェルジュのような介護職員を育てたいという思いがあることが分かりました。

彼は誰もが認める明るい性格で、また楽しい人柄です。そして行動力もあり、その後、神戸市東灘区に特別養護老人ホーム「おおぎの郷」をつくり、特別養護老人ホーム5か所、介護付有料老人ホーム2か所、ケアハウス1か所、グループホーム1か所、保育所1か所を開設しています。このように、多種多様な形態を一人で作り上げるのは並大抵の能力ではできませんが、確か、森脇恵美さんという右腕が彼の経営を陰で支えていることも大きな力になっていると考えます。彼の異業界も含めた幅広い視野は、既存のサービスにたくさんの付加価値を付け、それがまた、新たな道を切り拓く端緒になっていくと考えます。まだまだお若い方ですので、これからの岸本氏の活躍をお祈りしています。

NPO法人福祉サービス経営調査会　理事長　笹山　周作

付加価値は新たな創造

——社会福祉法人千種会の挑戦——

目次

第1部　鼎談から

なぜ、社会福祉法人の経営を世に問うか

社会福祉事業を推進する経営母体である社会福祉法人は、全国で2万法人あり、そのうち社会福祉施設を経営する法人は1万8000法人といわれる。日本の社会福祉の第一線を担っているのが社会福祉施設を経営する法人である。

社会福祉法人は国の管理下にあり、その運営は社会福祉法で厳密に規定されている。もともと、憲法第89条で公の財産の支出および利用の制限が規定されていた。いわく、「公金その他の公の財産は、宗教上の組織若しくは団体の使用、便益若しくは維持のため、又は公の支配に属しない慈善、教育若しくは博愛の事業に対し、これを支出し、又はその利用に供してはならない」としたので、慈善事業（今日の社会福祉事業）を担う社会福祉法

人は公の支配に属することで公金が支給されてきた。それが措置費であったり、介護保険給付金であったりで今日に至っている。そして公はこの憲法の規定を遵守し、社会福祉法人については社会福祉法で事細かに社会福祉事業の範囲、その使命、サービス提供の理念・方法、制限などを示し、これを遵守させることで公の支配を実現してきた。この支配の図式は、社会福祉事業が全額公費で賄われていた平成11年ごろまでは有効な方法であったかもしれないが、社会福祉の「基礎構造改革」で介護保険が導入され、福祉サービスの提供が一部契約方式に替わった後も国の支配構図が変わることはなかった。したがって、介護保険報酬で「経営」させられる時代に入っても介護報酬は「生かさぬように、死なぬように」の極限に設定され、介護サービスを提供する施設を抱える法人は青息吐息を超えた状態に置かれている。

特養・おおぎの郷

自然災害における山の崩壊は、自然山林では低いが、植林で杉ばかり植えた山林はもろいと評価されている。

社会福祉法人の経営も全国一律に「杉の植林」をしたのと同じで不況に弱く、事業の空洞化が著しく進行している。この責任はどこにあるのか、改めて問われなければならない。

本書では、厳格化された規制の中で、それでも法人の自律性を発揮してより良い方向を探ろうとする経営者を捉えてみることにした。

複合型有料老人ホーム Les 芦屋

最初に採り上げる社会福祉法人千種会とは

社会福祉法人千種会は、監督官庁側からは必ずしも従順で忠実な法人とは思われていない。既成の枠をキッチリと守り、その枠内で文句も言わずコツコツと運営する姿勢では決してない。監督官庁からすれば扱いにくい法人の一つである。

ではなぜこうした法人を採り上げたのか、その動機の一つは、この法人が反骨精神に富んでいることである。社会福祉法人が、国が示す枠を超えて新たな試みをしようとすると、必然的に国が示すマニュアルから外れることになる。この経営姿勢は監督官庁側から見ると、なかなか言うことを聞かない反骨法人とみなされる。こうみなされることは、法人の主体性ないしは独自性を発揮している証左でもあり、興味をそそられる。こんな法人が増えないと社会福祉の不況時を乗り切ることはできない。経営困難に陥れば、公の支援を仰ぐことしか考えない脆弱な法人がいつまでも残ることになる。

二つには、他の法人が真似ることができない経営戦略を持っていることである。その一つはこの法人が医療を取り込んでいること。各施設の近辺に診療所を開設し、その診療所がそれぞれの施設利用者の医療診療を最優先すると同時に、施設スタッフの医療知識を高める指導・助言を日常的に行っていることである。加えて、地域の医療サービス機関として地域住民の医療にも当たっている。以下、各論を進めたい。

社会福祉法人は地域社会の財産

社会福祉法人千種会のＣＥＯ岸本敦氏は、「社会福祉法人は地域社会の財産である」といつも公言している。

〈法人を受け継ぐのは、法人職員で最も優れた者〉

社会福祉法人の多くは、その後継者を親族から選んでおり、世襲制が一般的である。この場合、その後継者の資質は二の次である。後継者の資格は、創業者の子弟であるか親族であることが第一で、それ以外はない。

岸本敦氏は、法人の各種施設の長に一般採用した職員を就かせている。この職員とは自らが大学回りをして採用した者たちである。

職員のモチベーションは非常に高い。筆者が福祉系大学で教えたゼミ生も複数人採用されたが、そのほとんどは要職に就いている。大学での成績はそこそこであった者たちが、この法人の職員に採用されて立派に成長した。

〈職員は現場で鍛える〉

ＣＥＯの岸本敦氏と森脇恵美氏は、職員の育成にはことのほか凄腕を発揮する。岸本氏は、時にはパワハラに当たるのではないかと思われるような叱責をする。言葉も悪い。それをアフターケアするのが森脇氏である。両者の役割は、見事にコンビネーションが取れている。職員が文句を言わないのは、叱責されながらもそれぞれに重要な役割を与えられ、その成果というよりは奮闘ぶりが高く評価されるからである。

岸本敦氏

ＣＥＯ岸本氏と森脇氏が厳守させているのが、職員の清潔感の保持である。毛染め、長髪、男性なら無精髭も良しとしない。清潔感をもって利用者に接する。この姿勢は法人の鉄則ともいえる。以前、森脇氏に面談した時、彼女は「これは施設におけるホスピタリティの原点です」と断言していた。

〈サービスの本命　ホスピタリティ〉

森脇氏は、このホスピタリティの在り方を大変重要視している。「この業界に関わって一番驚いたのが、ジーパンで研修会などに参加している人がいたことです。どのような仕事であっても、ひとたびお客様の前に立つときにはエチケットとして身だしなみを整えることは当然のことです。なぜそれが必要かと言うと、清潔な服装や上品で柔らかいメイクが相手に安心感を与えるからです」と言っている。

また、岸本氏は、ホスピタリティは施設の設《しつら》えや設備などに限らず雰囲気などにも最高のおもてなしが必要と考えている。昔は、施設特有の臭いがあった。集団生活ならではの食事や排泄物、体臭等が入り混じった独特の臭い。この臭いが「老人ホームは暮らしの場所」という概念から遠ざけてしまっていたのではないか、と考えた。

Ｌｅｓ芦屋（複合型有料老人ホーム）をはじめとする多くの施設では、厳選豆をブレンドした炒りたてのコーヒーを提供するカフェ、高野槇を使ったお風呂の設え、施設全体に

複合型有料老人ホーム Les 芦屋のカフェ風景

診療所

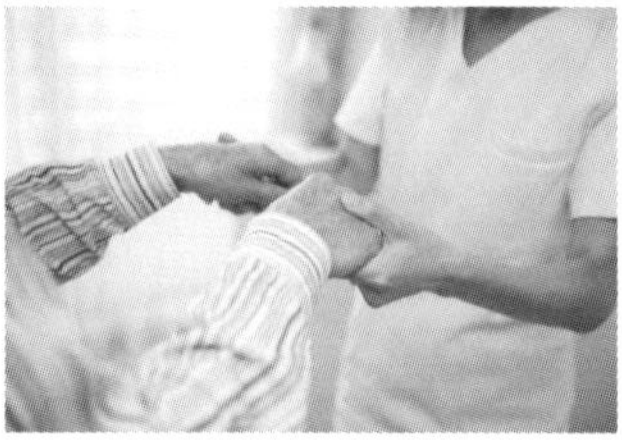

リハビリ風景

高野槙を使ったお風呂

炒りたてのコーヒー

豊かな香りを漂わせるアロマの使用などを実施している。
医療面では、地域の中核病院のバックアップを得ながら「内科・精神科・歯科・皮膚科」については、自社の医療機関できめ細やかなサービスを提供している。
さらに、ＯＴ（作業療法士）・ＰＴ（理学療法士）などのセラピストはもちろん、エステやカフェなどのスタッフとも連携しながら、他にはないチームアプローチを模索している。これらを千種会では「スモールラグジュアリーなサービス」と位置付け、施設利用者の自立支援、病気に対する不安の解消に努めているとしている。

これらの文章は、『兵庫県社会福祉の先達から何を学ぶか』塚口伍喜夫編著／大学教育出版／２０２１／Ｐ１４５〜１４６より引用

〈職員は、コストではなく最大の資源である〉

ＩＴ技術が進化しているが、職員による対人支援サービスこそ対人サービスの根源である。職員の意識、技能、ホスピタリティがサービスの質を決める。職員は施設最大の資源である。その最大の資源を、今まではコスト（代価・原価）とみなしてきた。コストは削減したり取り払ったりすることができ、そのことで不況を乗り切ってきた。

一方、資源は開発が求められる。人材は最大の資源であり、その開発には、これまた最大のエネルギーを要する。この法人は、職員の能力の開発に最も力を割いており、その一環として人材確保のため介護の専門学校や大学に出向き介護についての「出前講座(Delivery Presentation)」（第３部　千種会の将来構想に関する資料参照）を行おうとしている。これは、森脇恵美氏が作成したオリジナル資料である。

〈「贅沢」は社会福祉の禁句か〉

社会福祉施設の利用者は在宅高齢者の生活に比べると、施設が利用できるだけで恵まれているではないか、その施設サービス利用者に贅沢を与えることは、福祉の軌道から外れることになるのではないかという意見は、行政関係者や一般住民の中でも根強くある思考からくるのかもしれない。

この思考の根源は、日本国憲法第25条の「すべて国民は、健康で文化的な最低限度の生活を営む権利を有する」（傍線は筆者）とある、最低限度とは何か、具体的には日本の公的扶助である生活保護法第１条に、「国が生活に困窮するすべての国民に対し、その困窮の程度に応じ、必要な保護を行い、その最低限度の生活を保障するとともに、その自立を助長することを目的とする」と規定し、第4条では保護の補足性を謳っている。補足性とは、本人のあらゆる資産を使い切り、それでも足りないときは扶養義務を負う親族の扶養に頼り、それでも足りない場合に初めて公的扶助が給されるシステムをいう。公的扶助を受けようとすると資産的には丸裸にされ、扶養義務者に負担をさせる。受給されるということは、その人の社会的尊厳は無視されると言っても過言ではない。

では、最低限度の水準は何をもって計るかである。それは、生活保護基準である。これは、世帯単位で決定される。例えば、3人世帯（夫33歳、妻29歳、子ども4歳）で東京都の場合15万8000円／月。その他地方の場合、13万3000円／月である。高齢者単身世帯は、東京都は7万9000円／月、その他の地方は

複合型有料老人ホームLes芦屋のロビー

6万4000円／月である。

このように、最低限度の生活という場合、とても文化的な要素は見られないし、保護の補足性で、すべての資産の活用、扶養義務者の扶養の最優先など「そう簡単に国はお金を出さないよ」という姿勢が見て取れる。この「福祉観」が児童、障害者、高齢者の支援やサービス提供の根本思想となっていると思える。高齢者は「金食い虫の階層」とみなしている財務省などから見ると、千種会のサービス水準は、とんでもない対応と見るであろう。

国民は何十年走り続けてもゴールはない。死ぬまで税や保険料をむしり取られ、より重い荷物を背負いながら、それでもゴールにたどり着くことはできない。ゴールが無いからである。

塚口伍喜夫氏

筆者は、『日本を棄老国家にするな』（2020／大学教育出版）の中で、高齢者が後期高齢期に入った段階で、現行の社会保障の枠から外れ、生活資金はベーシックインカム制度で最低限保障され、医療は無料、すべての税金は不要に、各種社会資源も自由に利用できる、社会参加も個人のニーズに基づき可能ですよという状態を創り出すべきと述べている。75年間（後期高齢期の始まりを区切りとすると）の生涯を通して家族を守り、子育てとその教育に苦労し、国や社会のために貢献してきた国民が、やれやれゴールにたどり着けた、これからの余命は短いかもわからないが、この達成感と安心感に浸ることができる。こんな期間を保障することこそ国家の役割ではないかと考える。

岸本氏は、国民の生きる権利は、健康で文化的な生活を最低限ではなく、保障する国家の努力が問われていると考える。贅沢と評価される千種会のサービス内容は、極くノーマルな市民の健康で文化的な生活を提供しようとする努力の先駆けなのではないだろうか。

厚労省は、令和5年6月2日、令和4年の人口動態を発表した。それによると、合計特殊出生率（1人の女性が生涯に産む子供の推計人口）は1・26で過去最低となった。出生者数は80万人を割り77万人となった。

子どもを産み育てるために、政府はお金をばらまき合計特殊出生率を引き上げようと躍起になっている。このバラマキ施策は、あくまでも対症療法でしかない。この対症療法では合計特殊出生率は上がらない。これほど国税を使った対症療法で成果が上がらなかった場合、誰がどのように責任を取るのか聞きたい。

一方で、性的少数者（ＬＧＢＴ）における同性者結婚を認めないのは憲法に違反するとする論議が巻き起こり、この性の多様性を認めない日本は先進国の中で大きな遅れを取っているとの論議が国会でもある。

日本国憲法第24条は「婚姻は、両性の合意のみに基いて成立し、夫婦が同等の権利を有することを基本として、相互の協力により、維持されなければならない」（傍線は筆者）と規定している。両性とは、男と女を指す。男同士、女同士を両性とは言わない。現状の規定ではＬＧＢＴで、同性者同士の「結婚」が認められないのは当然と筆者は考えるが、憲法第11条では基本的人権の享有を謳い、「国民は、すべての基本的人権の享有を妨げられない。この憲法が国民に保障する基本的人権は、侵すことのできない永久の権利として、現在及び将来の国民に与へられる」と宣言している。ここで言う国民は男、女、性的少数者のすべてを含む。当然のことである。個人的には結婚は、男女両性で行うものであると考えている。

わが家に住み着く猫ちゃんは、異性同士は喧嘩をしない。同性同士（この場合、雄猫が中心と見えるが）が喧嘩をし、勝った方がそのエリアのテリトリーを独占する。そして子孫を残していく。猫ちゃんは人間のこの論議をどう見るか聞いてみたい。

〈余談〉猫の子育て

筆者は8年前に神戸市西区から兵庫県三田市に移り住んだ。ここに来て猫との縁ができた。お腹の一部が異様に膨らんだ白黒の雌猫（ミーちゃんと名付けた）が、今の住宅の周辺をテリトリーとして生活していた。それとなく気にかけているうちに、子猫を2匹連れてわが家の周辺に住み着くようになった。そのうちの1匹（シロちゃん）はわが家のサンデッキの縁の下を住処にしている。もう1匹（クロちゃん）は近所の猫好きの家に住み着き大切にされている。

1年ほど前、ミーちゃんが体毛は真っ黒で足先が白いちっちゃな子猫を連れてきた。その子猫は女の子（チビと名付けた）で最近になって

可愛い猫

シロちゃんと一緒に縁の下に住むようになった。親猫のミーちゃんは、チビをわが家にあずけた後まったく姿を見せなくなった。筆者が推測するに、ミーちゃんは老いていたので、最後の子供をわが家にあずけ、安心したのか、どこかでひっそりと死を迎えたと思う。猫ちゃんの真剣な子育てと子どもを守る知恵は、現在の人間の子育てをはるかに超えたものである。この一連の動きに筆者は胸を打たれた。

介護保険サービスは、普遍主義的提供ではないのか

3人の論議の中で、岸本氏からは、介護保険料の急伸を抑えるために、介護福祉施設を利用する条件として要介護度3以上でないと入所資格を与えないこととしたが、社会福祉の基礎構造改革は、「個人の多様な需要への総合的支援」を目的とした改革でもあり、この理念はどうなったのか疑問が残るという問題提起があった。

森脇氏は、この理念は、社会福祉の対象を選別主義(1)から普遍主義(2)に切り替える基盤にしたはずだ。選別主義ではまずミーンズテストがあり、一定の資産を有する者はこのテストで選別される。介護保険が発足する前は、介護が必要になった場合は、いつでもどこでも当人が望む介護サービスが受けられるという普遍主義的援助を謳ったはずであったが、

介護保険財政の窮迫で、少しずつ少しずつ選別主義的方向に変わってきたと考えている。

この論議からは、理念があって財政が裏打ちするのではなく、財政の状況により理念は後追いをするという逆転現象になっていることが分かる。選別主義的な支援はサービス提供を著しく制約するし、この選別主義は行政の裁量に委ねることになる。

介護保険サービスは、受ける側と提供する側が対等の立場で契約をし、その契約に基づきサービスが提供される仕組みであったはずだが、現状はどうだろうか。

岸本氏は、ノーマライゼーション理論を国民の権利として8項目に体系化したスウェーデンのウプサラ大学のベンクト・ニィリエの理論を引き合いに出し、その7項目に「その国におけるノーマルな経済的水準を得る権利」を掲げているが、これは、「最低限度の生活」ではなく国民の平準的な生活水準を指していると考える。そうすると、ある地域の住民の平均的な経済的生活水準をよく勘案して、施設サービスの提供においてもそのサービスを利用する住民が、格段の落差を感じないような質のサービスを提供する必要があると考える。具体的に言うと、芦屋市民の経済的生活水準は他の地域と比較しても高いと推測されるが、そのことを考慮した質のサービスを提供することが求められるのではないかということである。芦屋市において高齢者総合支援施設を経営する千種会は、このことを絶えず頭に置きながら経営している。

　森脇氏は、社会福祉法人、とりわけ、介護サービスを提供する場合その事業を展開する地域住民の経済的生活水準、地域の習慣、文化環境、政治状況、教育水準などを調査し、分析して、その結果をサービス提供の在り方に反映させなければならないと考えている。これは市場調査の一環でもあるが、その地域住民の暮らしのありようにも深くかかわっていると考え、役員、職員ともどもそうした視点を忘れないように研鑽していくことが大事と主張する。

芦屋川沿いの風景

註

（1）　**選別主義とは**社会福祉サービスの給付において、対象者（受給者）を何らかの受給要件によって選別してサービスを供給するという考え方、方式をいう。この選別に当たっては歴史的にも貧困を要件とすることが多く、今日わが国でも例えば生活保護制度では、その受給資格の有無が資産調査（ミーンズテスト）を通して決定されている。それゆえ、この方式は場合によっては受給者のプライバシーなどの「人権」に関わったり、受給者にスティグマを押し付けたりする危険性をもっている。普遍主義に対峙する概念である。

（2）**普遍主義とは**社会福祉サービスの給付において、原則として国民最低限（ナショナル・ミニマム）を基本に、資産などの受給要件を付与しないで市民的権利として、対象者（受給者）にサービスを供給するという考え方・方式をいう。

上記いずれも『ソーシャルワーク基本用語辞典／２０１３／川島書店』Ｐ１３２およびＰ１９０より一部引用。

施設サービスを超えて

千種会は、現在は施設サービスに関し、その在りように様々な知恵を投入しているが、将来はコミュニティにおいて法人がどんな役割を果たすかについて次のような構想を示している。

〈構想の第一は、コミュニティデザイン〉

岸本氏は、社会福祉法人千種会の施設が存在する地域でどのような役割を果たすかを構想している。その場合は、子どもから高齢者の全年齢層を対象とし、健康寿命の延伸（疾病予防、病気の重症化予防）を進めることを最大のテーマとしている。そのため、その地域の高齢者の状態を把握することに努め、そのニーズを的確に把握したいと考えている。それらのニーズにより次の事業を展開しようとしている。

① 高齢者の生活相談
② 適切な医療サービスの提供
③ 適切な介護サービスの提供（在宅、施設の両サービス）
④ 高齢者の能力と知見・技術が発揮できる機会と場の創造

〈構想の第2は、「待つ」のではなく「攻める」姿勢への転換〉

これまでの社会福祉法人は、「待つ姿勢」が当たり前であった。運営経費は行政側が算定したものが流れてくる。人材は専門学校、短大、大学卒業生が押し寄せてくる。施設人材で足らないところはボランティアがカバーしてくれる。なんとも受動的な経営姿勢であることか。

これが最近では一変した。介護保険報酬で見ると、その基準は細かく規制され、馬の鼻づらに人参をぶら下げるような出し方が主流となり、結果、介護施設の60％が赤字経営に陥るような状況が生まれている。それでも、事業経営者は「そのうち改善されるだろう」

と待ちの姿勢。介護サービスを支える人材もいつも枯渇状態で、現有の職員が基準労働を上回る労働で何とかこの状態をカバーしている。

森脇氏は、経営者の意識、姿勢を変えないとこの状況からの脱却は難しいと見ている。卒業生の募集も、県社協などが開催する「就職フェアー」のブースに訪ねてくる卒業予定者を待つ、これが一般的な人材確保の姿勢ではないかと見ている。

そこで、こうした「待ち」の姿勢から、自ら学校に出かけて募集を働きかけるデリバリープレゼンテーションを試みようとしている（第3部　千種会の将来構想に関する資料「Delivery Presentation」）参照。

森脇恵美氏

〈構想の第3は、「働く意義」をみんなで問い直すこと〉

この課題は、社会福祉分野で働く人が終生問い続けていく根源的な問題ではないかと考える。

森脇氏は、この分野で働くことは将来にわたって、経済的な豊かさは得られないかもしれないが、他の産業分野に見られない貴重な意義を内包した仕事ではないかと思っている。また、この仕事は「人間学に基づく生きた教科書」ではないかと考えている。この意義を各人が自分のものにしていく努力の中で知識も技能も高まっていく、と強く感じている（参考資料「work life assist Plan」参照）。

〈自らの生きてきた原点を忘れずに〉

最後に、岸本氏は、自らが生まれた宍粟郡千種町の豊かな自然と、そこで育まれた人間の素朴な人情が自分をこの道に導いた原点であると言い切る。人間は、財力や学歴、出自で着飾っても、その原点を見失ってはならないと訴える。

社会福祉の経営は、ここに軸足を置きながら、もう一つの軸足は、その地域の人々のニーズに置く。ここから醸し出される人間性が、職員を引き付ける魅力になっているように思われた。社会福祉法人名はこの千種町から採った。

千種町の田舎風景

Work Life assist PLAN
千種会ＧＰ働き方アシスト

はじめに
Work Life assist PLAN-千種会GP働き方アシスト-

人生と仕事

私たちが1日8時間働くとして、その時間は24時間の3分の1です。

にもかかわらず、私たちは、まるで人生の大半を仕事に要しているように感じることがしばしばです。

それは何故でしょうか？


朝起きてから夜眠る時や休日さえも、いつも頭の中から「仕事」が離れないということはないでしょうか？

しかもその多くは、上手くいかないことや仕事上の悩みで占められてはいませんか？


それでは、まるで「仕事」が、有意義なはずの「人生」を圧迫してしまうことになりかねません。

では、どうすれば「仕事」を味方にして「人生」をより充実させることが出来るのでしょうか？

人生のパートナーとしての「仕事」

誰しも、「好きなこと」を仕事にして毎日楽しくて仕方ない、ということであれば、こんなに嬉しいことはありません。

ただし、例えそうであったとしても、それが毎日同じように続いていくとは限りません。

また反対に、何となく始めた仕事でも、気が付けば夢中になっていて、毎日充実していることもあり得ます。


人は仕事を始める時点で、「これが私の天職」と感じられるような仕事に巡り合うことの方が希といえます。「人気のある職種だから」、「親の跡を継ぐから」、「お給料がいいから」など、仕事の入り口は人それぞれ。

それが「天職」になるかどうかは、むしろ仕事を始めてからの自分自身のスタンスにかかっています。

そう考えると、「天職」というのは、仕事をスタートさせてから少しずつ近づいていくもの、更には「自分で創っていくもの」なのかもしれません。

人生のパートナーとしての「仕事」

仕事をはじめてみると、その仕事に翻弄されて、まるで「仕事」の奴隷のように働いている人もいれば、反対に、一つの仕事を起点として、まるで『わらしべ長者』のように次々と新しい可能性を引き寄せていく人もいます。

しかし、この両者の違いは何でしょうか？

一概には言えませんが、一つは「主体的かどうか」ということが大きく関わっていると考えられます。

「仕事」を、人から命令されて「させられている」と感じているか、それとも、「自分自身がどうなりたいか」という明確なビジョンがあって、それに近づくことを目指して仕事に取り組んでいるかが、時間の経過とともに、この両者の「人生」に、大きな差をつけることになるのではないでしょうか？

そもそも「仕事」とは

今まで誰もできなかったことを、誰もが出来るようにしていくプロセスです。
だからこそ、そこには「進化」が必要です。

私たちが、日々「仕事」と感じている多くは、「作業」を含んでいます。

「作業」は、「仕事」によって開発された新しいプロセスを、システムとして反復していく行程です。

「仕事」と「作業」の違いは、そこに、「今より良いものを追求していく」という志が存在するかどうかです。

「仕事」は人生設計の基礎

「仕事」と一言で言っても、その内容は多種多様です。
主婦業や家庭菜園など報酬が発生しないものも含め、どのように向き合うかで結果が変わります。

そして、その姿勢こそが、自分自身がどのように「人生」に向き合うか、ということにつながります。

「どんな自分になりたか」「どんな人生を送りたいか」「何を成し遂げたいか」―このような志があって初めて、人は「作業」を「仕事」に変えることができるのです。

今の時代、私たちの仕事の選択肢や可能性は無限大です。
今の仕事を追求するにしろ、そこからステップアップして新しい可能性にチャレンジするにしろ、全てをつなげてより大きな枠組みを創り上げるにしろ、その可能性を生かすも殺すも自分次第なのです。

千種会groupでは、
「一人一人のスタッフが、自分自身で"幸せ"を掴み取っていくためのサポート」をコンセプトとして
独自の『働き方アシスト』プログラムを作成してまいります。

プランの内容
Work Life assist PLAN-千種会働き方アシスト-

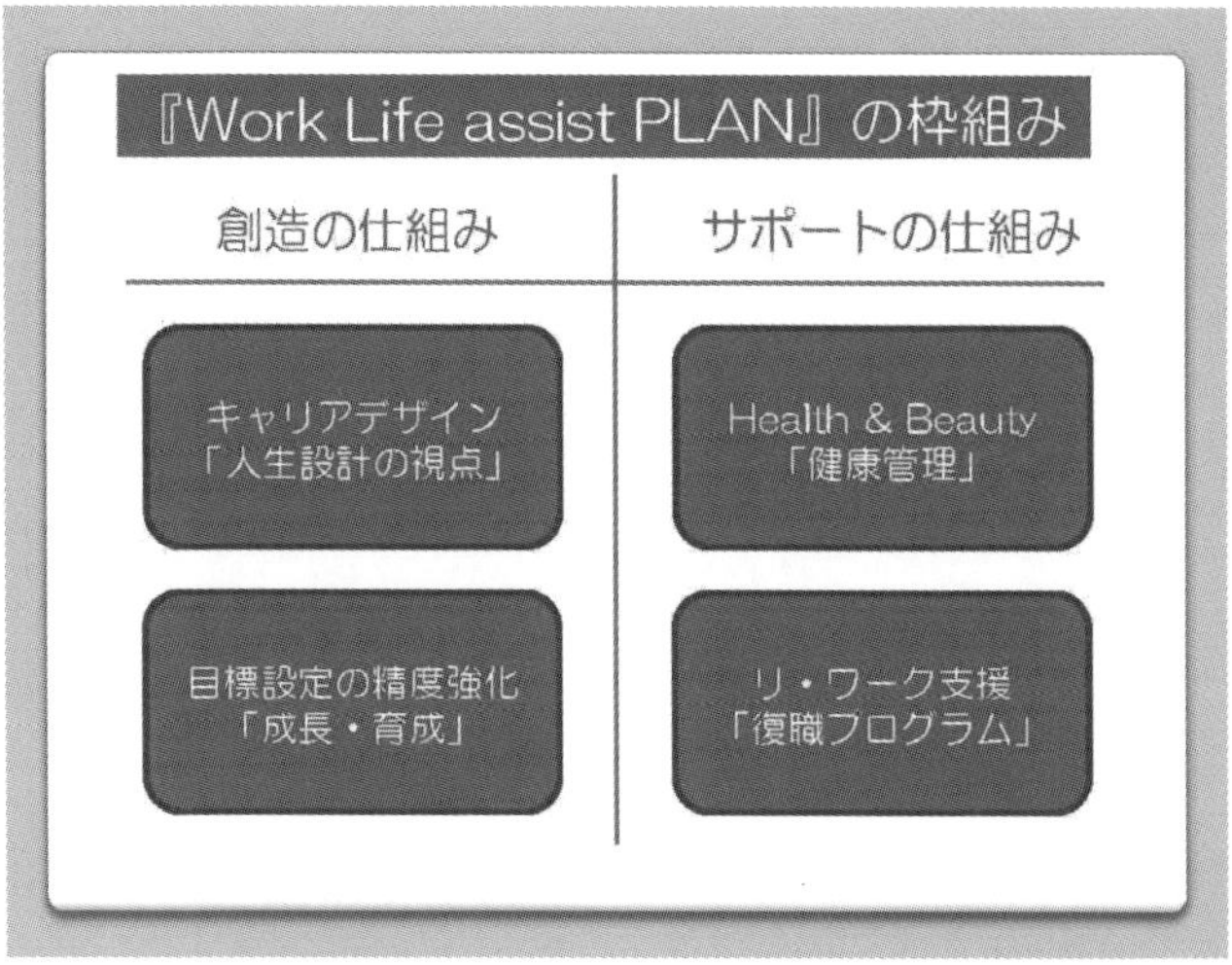

『キャリア・デザイン』という考え方

キャリアデザインとは、
自分自身の職業人生、キャリアについて、
自らが主体となって構想し、実現していくことをいいます。

キャリアデザインでは、
自分の経験やスキル、ありたい将来像について考慮しながら、
自らの持つ能力を活かすための仕事、職務の形成を進めていきます。

キャリアデザインの過程においては、
転職や職務の異動、職務内容のさらなる高度化などを図りながら、
ありたい将来像へと近づけていきます。

キャリアデザインは、
近年ビジネスパーソンの間でも意識されるようになってきており、
個人が積極的に自らのキャリア形成を担うようになりつつあります。

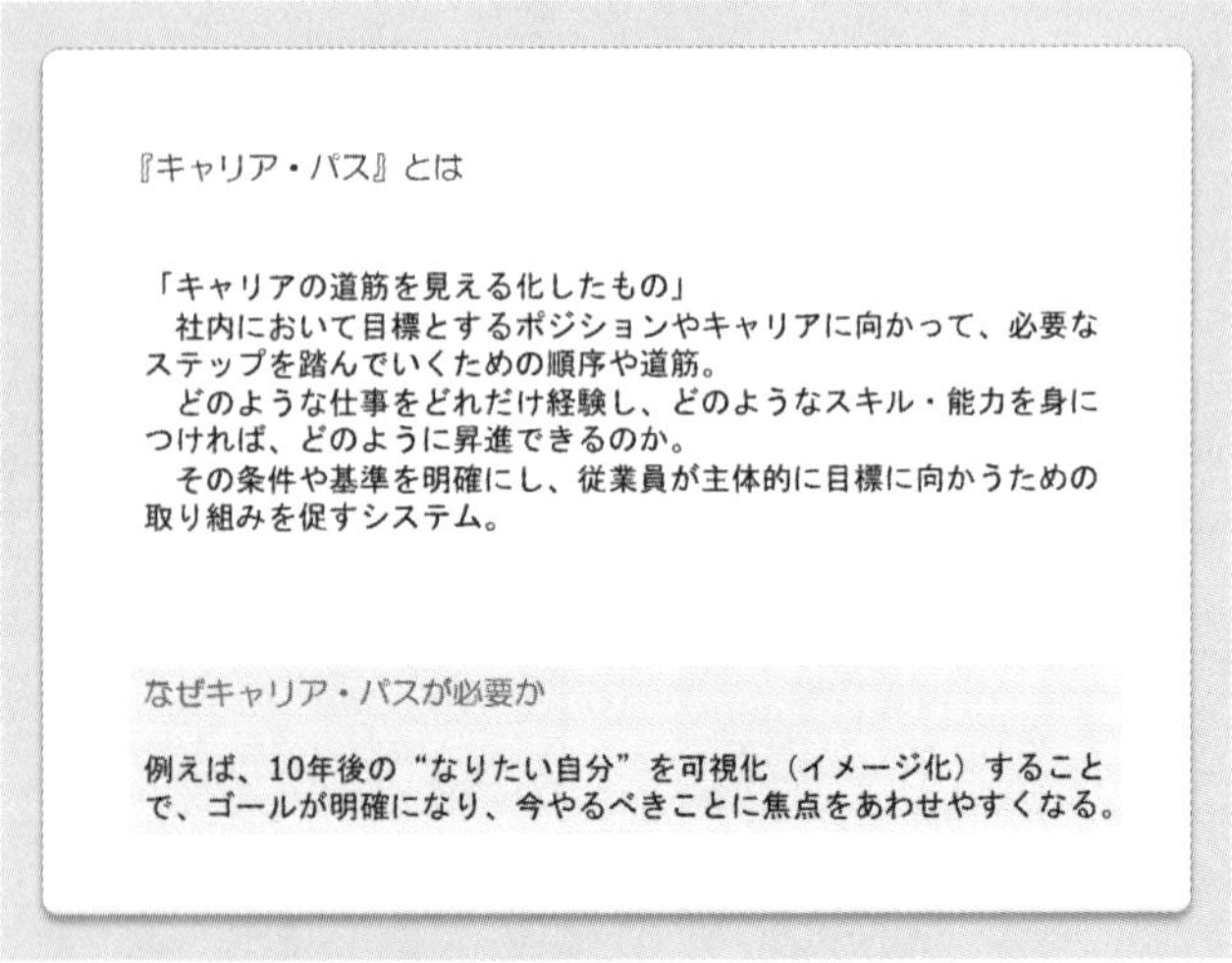
『キャリア・パス』とは
「キャリアの道筋を見える化したもの」
社内において目標とするポジションやキャリアに向かって、必要なステップを踏んでいくための順序や道筋。
どのような仕事をどれだけ経験し、どのようなスキル・能力を身につければ、どのように昇進できるのか。
その条件や基準を明確にし、従業員が主体的に目標に向かうための取り組みを促すシステム。
なぜキャリア・パスが必要か
例えば、10年後の“なりたい自分”を可視化（イメージ化）することで、ゴールが明確になり、今やるべきことに焦点をあわせやすくなる。

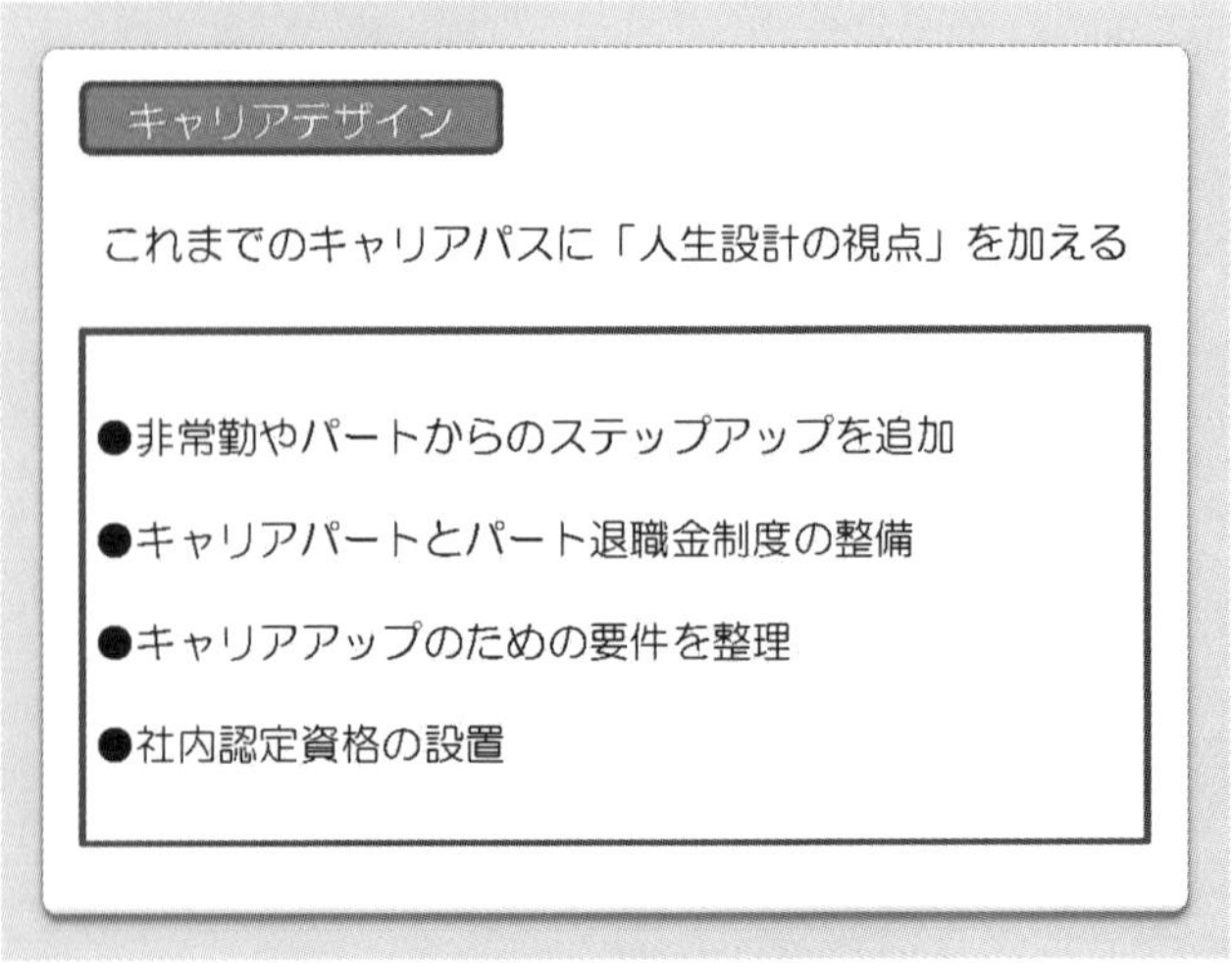
キャリアデザイン
これまでのキャリアパスに「人生設計の視点」を加える
●非常勤やパートからのステップアップを追加
●キャリアパートとパート退職金制度の整備
●キャリアアップのための要件を整理
●社内認定資格の設置

目標設定の精度強化

自己成長を視野に入れた目標設定の管理

- 事業計画との連動性に対する仕組みの理解を深める事業計画との連動性
- 将来目標からの期間的達成目安を明確化
- 各管理者推薦による奨励制度『good job賞』の創設

インフォーマルな活動推進

様々なつながりの中でワークライフバランスを

- BDカードのメニュー充実
- H&Bによる計画的アプローチ
- サークル活動の推奨
- 自己啓発プログラムへの参加

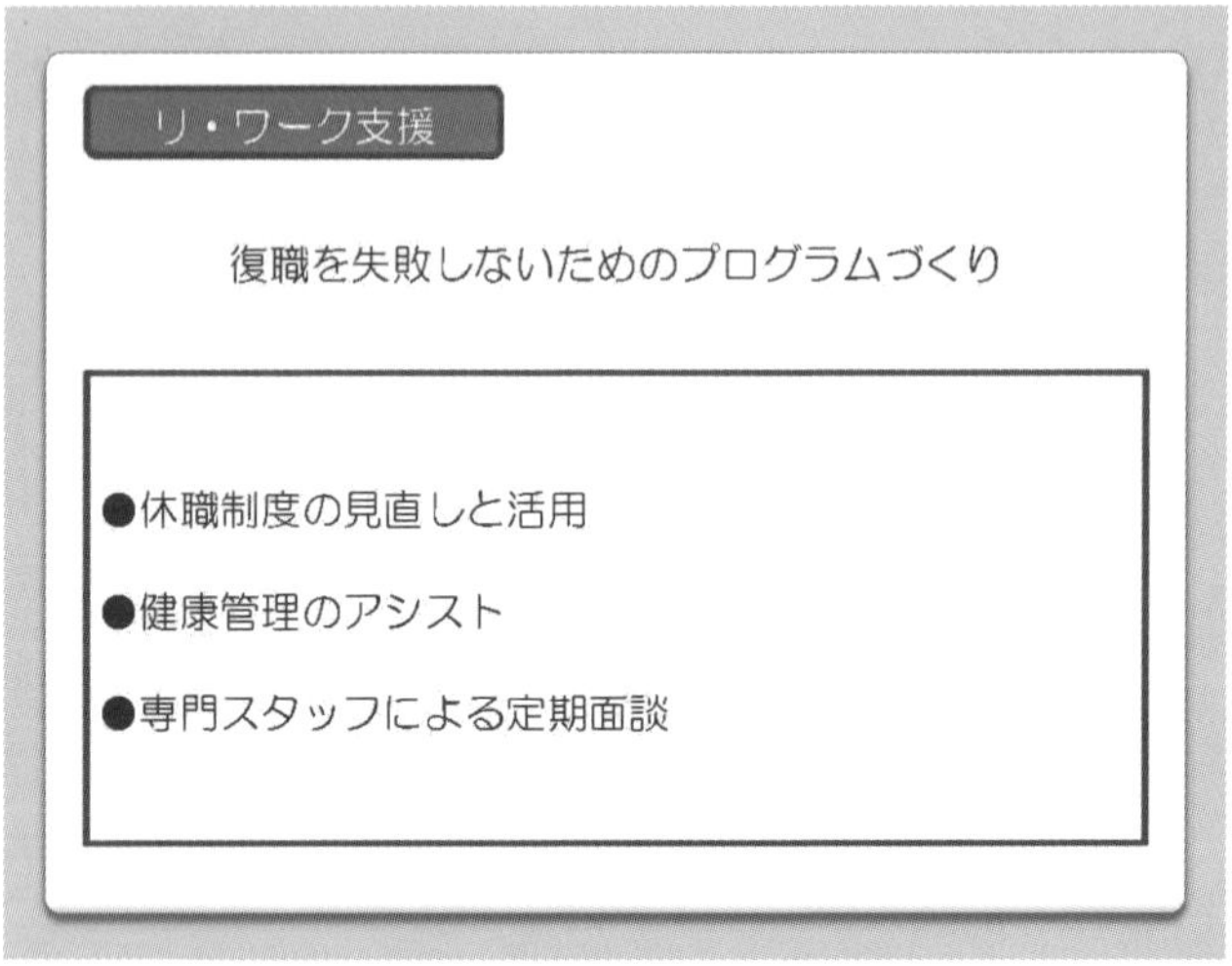
リ・ワーク支援
復職を失敗しないためのプログラムづくり
●休職制度の見直しと活用
●健康管理のアシスト
●専門スタッフによる定期面談

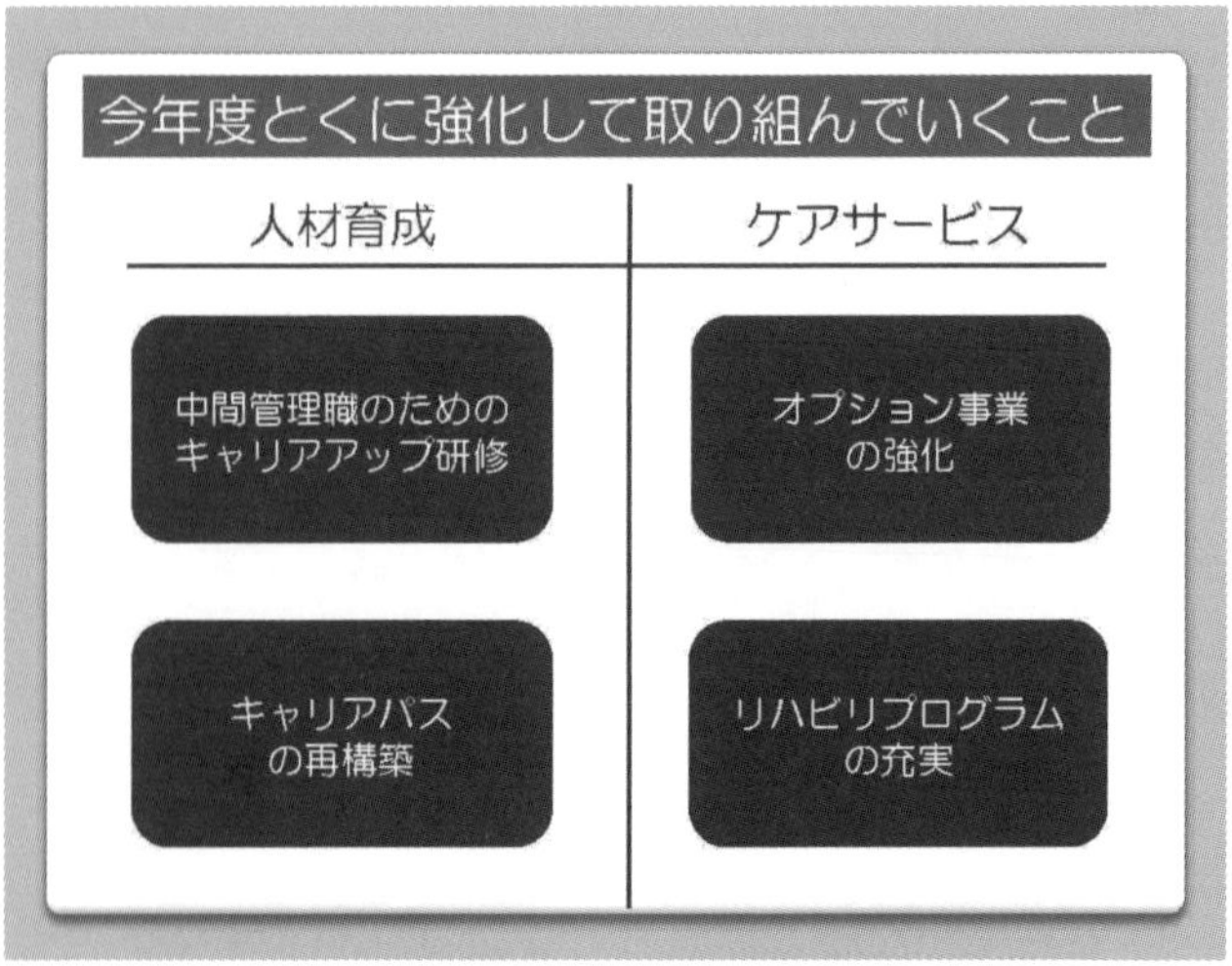
今年度とくに強化して取り組んでいくこと
人材育成
ケアサービス
中間管理職のための
キャリアアップ研修
オプション事業
の強化
キャリアパス
の再構築
リハビリプログラム
の充実

第2部　職員座談会から

テーマ：「千種会に夢を託す」

実施日：令和５年８月22日（火）13時〜15時

参　加　者　松山泰三　法人本部理事会事務局
田中一平　法人本部事業副本部長
長友建吾　法人本部営業部長
秋吉範子　甲南山手施設長
神谷知美　ル・モンド副支配人
森脇恵美　法人本部ＣＭＯ（最高マーケティング責任者）

コーディネーター　塚口伍喜夫　ＮＰＯ法人福祉サービス経営調査会創設者、元大学教授

オブザーバー　松本由美子　元九州保健福祉大学社会福祉学部准教授（看護、介護学）

【座談会の開始】

森脇恵美氏

森脇：九州保健福祉大学を卒業し、千種会の中核になった今、自分にとっての千種会はどういう存在で、どういう位置づけになっていると思っていますか?

厳しすぎるほどの「指導」が成長の糧になった

神谷知美氏

神谷：まず九州から出てきて、神戸は都会と田舎がほどよくあって好きだなと思っています。千種会は西から東までいくつか異動して勉強させてもらっていますが、一番初めに配属された「岩岡の郷」時代が、しんどいことが多かった記憶があります。でも、そこを乗り越えたから今でもそこが原点だと思っています。同郷の仲間も一緒だったし、岩岡の郷が最初じゃなかったら、多分今の自分の考え方とか乗り越える力はなかったかもしれません。ストレスで（？）声が出なくなったこともあるくらい、上司はいろいろ怖かったですが、厳しく教えていただいて今は感謝しています。

松山泰三氏

松山：宮崎から出てきて、岩岡の郷に配属になって実際に住んでみたら、周りはキャベツ畑で宮崎と何にも変わらない環境でさせていただいてよかったです。今はいろいろと異動を経て、法人の原点である「ちくさの郷」の仕事にもかかわらせてもらっています。その関係で行政手続きなどを行うと、当時の資料を目にする機会もあります。そんな原点にふれることで、改めてスタート時代を思い出します。大学を卒業して何もわからないところから、千種会と一緒に人生を過ごしていったっていう気持ちです。本当に千種会に助けられましたし、夢も追いかけさせてもらっています。環境を整えていただいて感謝しています。

はじめは、田舎から親父と一緒に神戸に来て布団とテレビ１台。神谷さんと２人で来ましたがお互いしんどくって、何も助け合いができなくて…。当時は上司の方とかかなり厳しかったんです。私は出来が悪く、仕事ができなかったので怒られて正座させられたり…。昔は、先輩は「見て覚えろ」的な感じですし、今やったら問題ですが、無視されたりとかは日常茶飯事だったのでどう教わればいいのか分かりませんでした。

　それは駄目だなと思っていたので、そういう先輩にはなりたくないと思って、自分が先輩になってからはそれを意識して教えました。

松本由美子氏

田中一平氏

松本：どこで正座させられたの？　私も千種会の施設は大体回っているけど…。
田中：20年前のことですよね？
森脇：ちょうどこの2人に岩岡の郷に入職してもらったのが岩岡の郷オープン3年目で平成15年でした。岩岡の郷のスタッフは新卒8割みたいな感じで立ち上げた施設で、ベテランの相談員と主任がいたんですけど、その人たちがちょうど離職してしまって、混沌としている時期でした。その時期にこの人たちは就職をして。
長友：正座させられたのは何が原因だったのですか。

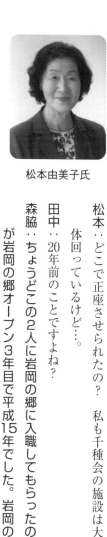

長友建吾氏

秋吉範子氏

塚口伍喜夫氏

秋吉：松山さんは提出期限が守れず正座させられたと先輩から聞いていました。それをずっと聞かされていたから、絶対に期限は守るという指導を受けていました。

松山：何も分からないまま1か月でＡＤＬ（日常生活動作）を全部揃えろと言われていました。

塚口：松山くんや秋吉さんは九州保健福祉大学社会福祉学部社会福祉計画学科に在籍していたので、その辺は何も教えていなかったもんな。

松本：直接援助を勉強していない卒業生たちが、直接援助に行くことの厳しさはすごくあったと思います。

松山：当時専門学校生の僕より年下の同期がいたんですけど、レベルが全然違いました。３か月ぐらい遅れて入ったのに。スタートから専門用語ばかりで全然わかりませんでした。

松本：よく頑張ったと思います。岩岡の郷を訪問して紹介されたときに、疲れてる顔してたというのは記憶があります。学科が違ったけども、九保大生というのはわかっていたから。九保大生は私達にとっては皆同じだから。

岩岡の郷を訪問して紹介されたときに、施設長さんに案内されてここは医療もあるんですよと言われ、すごいなっていうふうな印象がありました。周囲にいちじく畑とため池がたくさんあったのも覚えています。

専門性が違ったところの厳しさを、何も意味がわからずに要求されることは、何が何だかわからないで要求が厳しかったと思いますよ。でもよく乗り越えられたって私は思っています。

森脇：辞めようと思った瞬間はありましたか？

松山：辞めようと思う暇がありませんでした。しんどかったけどなぜか辞めようって思いませんでした。

神谷：なぜかわからないけど辞めようという気はありませんでした。塚口先生の紹介で来たからというのはあったと思いますけど本当に辞めようという気はありませんでした。田舎から出てきたからには、簡単に戻れないというのはありますかね…。

石の上にも三年・学習と忍耐

松山：先生方にも言われていたんですが、とりあえず3年間頑張れと。

秋吉：私もそれは印象にあります。1週間で辞めたいって思いましたが。

森脇：こうやって続いているのは、3年間頑張らないといけないというマインドがあったんだなっていうのを私もすごく当時から感じています。

長友：僕はスタートがちょっと違うんですが、大学卒業後、他の法人で働いて。2人に聞くと、にがい、苦しい思いしかない感じですけど、僕は逆にあんまり苦しくなく先輩にすぐに気に入られて。

趣味がお酒だったので、逆に「もうこんないっぱい飲みに誘わないで」っていうぐらい誘われて、ずっと飲み続けていました。ずっと可愛がられていました。この前その先輩にお会いして、お話して…。その先輩は今でも別の施設にいて、今も現場をやってるんですけど、もし退職してなければ、僕はあの方の下で働いていたので、今でも現場をしてるのかなと思ったりします。なので、退職して良かったなって今思っています。

あの当時は何もわからなかったんですけど、管理者はやっていいことばっかりでもないんですけど。やることで、何かと乗り越えて、ちょっとずつ人間も大きく、心も大きくなってきてるなと思うので、そういうところを考えると今が良かったなと思ってまいす。

森脇：2人と比べたら、環境が良く、人間関係も良くてうまくいっている、仕事も順調にいっていたところに転職を考えたきっかけは何ですか？

長友：前の職場では部署異動もなく、ずっと同じ仕事をやっていて、本当に「よそが見たい」と思っていました。自分はそこの中では、お客さんにも気に入られていたし職員にも気に入られていたので、働きやすかったんです。ただ、自分がやってることが合っているのかなという疑問があって、当時、一度もう宮崎に帰ろうかなと思っていました。でもこのまま帰るのではなく、もう一つ何か自分がここで合ってるのかなっていうのを、見つけたい。そう思っていた時にちょうど神谷さんと偶然再会して、千種会に来ました。引っ越しすることもなく宮崎に帰るとこでした。それが転職のきっかけです。

塚口先生が「長田区の老健を紹介するよ」っておっしゃってくれたのですが、おおぎの郷も近所にあるのは知っていたので…。

別の施設の時のエピソードというと、当時私は正職で入って、上に先輩たちも何名かいたんですけど、嘱託の先輩たちで。自分は「褥瘡《じょくそう》」という言葉も知らないくらいでした。その先輩たちに「本当に福祉の学校を卒業した大学生？ 褥瘡という言葉も知らないような、なんであなたが正職？」って言われたんですよ。

それで初めてちょっとイラッとしたんです。負けてられるかと。そこでちょっと気持ちを入れ替えて、絶対この人たちに追いついて追い込せるように勉強しないとずっとこんな言葉を言われるんだと思って頑張りました。

でも全然辞めたいなと思うこともなく、楽しく仕事をしていたかなと思います。

千種会でいうと、千種会に入って10か月目に、おおぎの郷で生活相談員を任されて。正直、引き継ぎもあんまりなかったので、ご利用者やご家族の名前も顔も背景もわからずで。あのときだけはちょっと逃げ出したいと思いました。事務所のスタッフに僕向いてないかもしれませんっていう相談をしましたが、「もうちょっと頑張ってやってみたら」って言われて。

そうだなと思ってやってみたら、楽しさがわかってきました。

介護現場より、僕は相談員の方が好きって思いました。今は同期の方もいますし、ここで知り合った田中さんとか中畑さんとも楽しく話ができていて、何か自分が悩んでいると誰かが聞いてくれたりするので今は良かったと思っています。

あまりネガティブに考えないタイプで全部プラスに考えるので、あんまり駄目だなって思うことがないです。

田中：入職したときは、神戸に来られたっていうので、すごく楽しかったです。毎日三宮に出て。理不尽に感じることもあったとは思うのですが、同期が一緒というのもあり、ガス抜きもでき、先輩たちともそれなりにうまくやれていたので前半は良かったです。
でも、そのうちいろいろ壁に当たりちょっと苦しいときもあってですね。1年間腰を悪くしたタイミングでいろいろ思うこともあり、転職したいな、辞めたいなと思ってハローワークとかに行きました。自分は、学生時代ずっと福祉を学んできて、就職も介護施設っていうのがあったので、まったく違う業態っていうのもどうなのかなとか思ったりもしたんですね。

松本先生の紹介だったたっていうところがあったので、松本先生に僕の考えを聞いてもらう機会をいただきました。その時やっぱり先生は3年はやりなさいと。実はあの時そのような「もう少し頑張りなさい」というような返事がくるとは思ってなくて、「そうか、いいんじゃない」という返事がくると思っていたんです。

松本：あの話3時間かかったんですよ。

私は、「1～2年で何がわかるんだ。良いとか悪いとかもわからないで辞めると、次もまた辞めるよ」と言ったんです。そういう人生を送っていいのかって聞いたんです。

田中：入って1年半くらいの時期でしたが、それははっきりと覚えています。「ずっとそうやって繰り返していくよ」って言われました。「絶対次もしんどいよ」って。僕自身が、それで3時間かかったんですけど、わかりましたということで聞き入れてとどまりました。

結果続けますっていうことになって。でも良かったです。本当に先生がおっしゃるようにやっぱりそこで辞めてたら、きっと繰り返しだと思います。違う業態なんか行ったら余計苦しいんだろうなと思いますし、僕もやっぱり辞めなくてよかったと思います。その後も辞めようと思うことが何度かあったんですけど、それでも続けていこうかなと。やっぱりそのしんどさっていうのは、絶対にきっと繰り返してやってくるものなので、それを乗り越えたら何とかなるだろうと思いました。それが一回分かったので辞めずに頑張れています。大学卒業するぐらいまではしんどいことは嫌いだったので、ずっと逃げていたところもあったのですが、やっぱり乗り切れば、何か違った景色が見えてくるかなと思います。

私がその次にしんどかったのは、夜間で学校に行った時です。学校が燃える夢を見たぐらいです。CEOにも相談したときもあって、仕事が全然できないですし、「役職も全部外してもらっていいです」みたいなことを言いました。

松本：それも聞きました。本当に危ないなと思いながら、でも乗り越えるだろうって思いました。何か信じたいっていうか、希望でもありました。投げ出さずにやってくれるだろうなっていう。通う距離も私地図で見たことあるのよ。仕事を持っていて、これを通うっていうのは大変だろうなと思っていました。でも、乗り越えなかったら人生が乗り越えられないだろうなと。本当に乗り越えたから今があるんですよ。

私は学ぶことが良いこととは思うけど成績が良いことが良いとは思わない。人間性の方が大事だから。彼らの大学時代の同期たちはやんちゃで普通ではなかったけど、人間性があったから、すごく記憶にあるんですよ。私の中で評価っていうのは、人としてどうかっていうことが一番大事だから、そこにいろんな専門性が入ってくるから、そういう意味ではすごく優れた子たちだったと思います。そういう子が伸びるんですよ。

私は長年教員をいろんなとこでやってきて、トップ5人ぐらいよりは、10番ぐらいの方が社会に出て根を張ってるんですよ。女装したりした子もいたね。ああいう人の方がいろいろな人を受け入れられるんだと思います。ちょっとワルかな、ぐらいの方が幅があるんですよ、人間として。

森脇：田中くんにとって千種会とは？

田中：いろいろなことをさせてもらえているところがありがたいです。厳しく怒られることもあるんですけど、でも認めてくださっていろいろさせてくださってるのはありがたいなと。

決められたことだけやってくださいっていうことではないので、考えながら進めていい。それを実際にやってみて、失敗もいい、と言ってくれるところなのでそこは本当にありがたいなと思いますし、本当に考えて仕事できてるかなと思います。

森脇：他の皆さんは？

秋吉：千種会に入って、人として、成長できてる、成長させてもらっています。

厳しいことも言われて性格的にきつくなって、強くなってるなっていうのは自分でも思います。相談員をしたぐらいからは特に。いろいろな人に出会えて、良い場所だなと思っています。

森脇：自分の中でどういうところが特に強くなったと思いますか？

秋吉：入って1週間でもう耐えられない、辞めたいと思いました。ヘルパー2級だけ取って、介護の勉強はしておらず、岩岡で最初から介護で何もわからなかったので毎日泣いていました。同じマンションの大学の同期と2人で毎日ご飯を食べてたんですけど、それを見て、なんで泣いているのかと笑うんですよ。それも悔しかった。もともと負けず嫌いなんです。

何としてでも成功させるとかベッドを満床にするとか。悔しくて辞めたいと思ったこともありましたが、いろいろと話せる人が傍にいて先輩も可愛がってくれて、優しくてご飯など誘ってくれたし、いろいろな人に支えられて何とか乗り切れました。人との出会いは大きいです。1回辞めたんですけど、それでもやっぱり戻ってくるなら千種会がいいと思いました。

森脇：一番よく覚えているエピソードは？

秋吉：いろいろありますが、やっぱり甲南山手を立ちあげた時のことは忘れられないです。

今でこそ笑って話せますが、あの時は若かったし、無視とかもされてとても厳しいこと言われました。私、親にもこんなに怒られたことないのにっていうぐらいきついことを言われました。それでも負けず嫌いなので、何でこの人にこんな言われるんだろう、絶対に満床にしてみせると思って達成しました。

そうすることでその人（もともと看護師をしていたんですが）も理解してくれて、一緒に相談員をやるってなった時は、その人が「これ1人でやってたなんてすごいな」って初めて言ってくれて「よし、勝った」と思って嬉しかったです。分かってくれたことが嬉しかったです。

当時田中くんも一緒に頑張っていたんですけど、その人と普通にご飯とかも行く仲になり、今でも気にかけてくれています。多分、私たちがあの時引き下がって逃げなかったから、かわいがってくれてたんやろうなって思います。

千種会は自分を成長させてくれるところ

森脇：秋吉さんは施設の立ち上げに一番多くかかわってきました。当時甲南山手ができた後、ケアハウスができ、グループホーム、ル・モンド、Ｌｅｓ芦屋と。なので、一番千種会がしんどいとき、それに関わったと思うんです。一気にいろいろな展開をしていったので。人材的にも財政的にもしんどかった時代ですね。それを経て秋吉さんにとって千種会とは？

秋吉：自分自身を成長させてくれる、自分の可能性をいろいろ見つけ出してくれる場所です。

松本：秋吉さんと神谷さんは、前回会った時と今日入ってきた時の雰囲気が全然違うんですよ。どっしり構えてきたっていうか。以前会ったのはＬｅｓ芦屋をオープンした時で、シンポジウムの時だったので、５年？　７年前？　か…。

最初は弱々しい印象もありました。本当に頑張ってるなと思いますが、大丈夫かなって感じでしたね。でも、会うたびに強くしっかりしてこられたなと思って。今日入ってきたお２人に会ったとき、中心になっている。それはもう雰囲気でわかり、すごいなって思いました。今お話を聞いたらやっぱりそうだな、ご自分でも成長したって言えるっていうことは、すごく自信を持ってやれるようになってらっしゃるんだなと思いました。

それはもう、女性だからわかるんですよね。厳しさの中で、ちゃんとやってリーダーにもなっていけるということ、やらなきゃいけないからやってきてたのと、やってることの自信っていうのは雰囲気でわかるじゃないですか。

それはすごいなっていうか、嬉しかったんですよ。

森脇：本当にそうで、私も何回か、「大丈夫かな」って思う時期は確かにあったんです。本当に。でも、「今はもう大丈夫」と思います。

松本、森脇：すごいよね。ありがたいと思います。

森脇：皆さんにとっての千種会が今自分の中でどういう位置づけというか、どうあるかっていうことをそれぞれ話してもらったんですが、続いて、自分から今の千種会はどんなふうに見えてるかっていうことをお伺いしてみたいと思います。

塚口：社会福祉法人っていうのはたくさんあるけれども、千種会はちょっと変わってるんだよな。どういうふうに変わってるかっていうと、人が歩んだ道を歩むだけではない。そういうところが面白いかな、うん。だから、変に小さく関わってしまって、物事を見たり判断したりするんではなくて、いろいろな社会の動きとか、他の社会福祉法人の動きとかを俯瞰しながら、今森脇さんが言われたように、自分はこれからどんな役割を果たしていくのか。同時に、千種会はそのためにはこうあってほしい、というものを、出してほしいです。

僕はあんまり言わない方がいいのだけれども、九州保健福祉大学を辞めて、流通科学大学に行ったのね。流通科学大学の学生は、大体自宅は神戸が中心だから自宅から通学できる。彼らはね、目先がよく利く。要するに賢いっていうか。ところが、九保大の卒業生は、目先はあんまり効かないのかもしれないね。しかし、どっしりと構えている。

だからみんなの話にもあったけども、何回も辞めようと思ったかもわからんけども、復活している。流通科学大学の卒業生であれば辞めているかもしれない。だけど九保大の皆さんは、そこで粘って頑張ってる、ハングリー精神かな。この違いはやっぱりあるのかなと。そこが面白いところ。

だからせっかく頑張ってきた限りは、やっぱり法人に夢も託し、その託す中で自分の想いも託していく。そのような状況を作り出していくことが大事かな。

神谷：経営のこととかお金のこととかまだわかっていませんが、クリニックのこととかいろいろな事業を展開して進化していると思います。いろんな事業を展開する中で、何が根底にあるのか、その理念みたいなものは何なんだろうって思います。質問の答えになっていなくて逆に質問してしまいましたが…。

森脇：**逆に、そういうのはどういうものなんだろうと思いますか。**

田中：クレド（従業員が心掛けるべき信条が書かれたカード）に書かれてることですね。変革とか、型にとらわれないというのが書かれているじゃないですか。どう見えるかみたいな話に結局なってしまうんですけど、医療とか福祉とか、スキンクリニックもそうですけど、いろいろ点在はしてるんですけど、それがうまくしっかりとまとまっていくっていうようなものがない。何かぶつ切りになってしまってる状態はやっぱりあるのかなと。そこをコーディネートしていくことが、僕たちに求められていることなのかなと思いますし、そこが今後必要なことなのかなと。

新しいものをどんどん増やしていくっていうよりは、今あるものをしっかりと繋げて形にして、サービス提供していくっていう形なのかなと。それさえうまくいけば、例えば予防事業などをするにしても、今あるものの中からいろいろできてくるのかなと。そういうものでないといけないのかなっていう気はしています。一見、本当に脈絡なくやっているようには見えるんですけど、確かに医療はあって良かったなと思います。それをもっとどう生かしていくかは、私達が考えなきゃいけないなと。

裁量の自由がある…これこそ責任が伴う

松山：私はそのときそのときにいつも、岸本ＣＥＯは本当に20年30年先を僕らよりももっと先を見てるなって思います。そしてそこに導いてくださっているんですが、今度は逆に我々が導いていかないといけない立場になってきています。そうならないといけないって思っています。他の法人の施設長と接する機会があるんですが、本当に閉鎖的というか。給食事業についても、7～8割が委託のようで、今日も営業で委託にしませんかというようなものがありました。千種会は委託から自営にチャレンジして。チャレンジ精神が昔と全然変わってないなと思います。我々もそれを引き継いでいかないといけないんです。田舎の施設や、スタンダードな部分も大切にしながら高級なところも大切にしていくというところで、本当に幅広いです。原点はやっぱり地域にあるっていうところを、僕は感じつつ、チャレンジさせてくれる所だと思います。

長友：管理者となって、ある程度決裁権というか自分のやりたいことを思いながら仕事をしています。何に対しても、どうぞ好きにやって下さいというか自由にやって下さいと言われるので、これが駄目あれが駄目、これを買ったら駄目とか言われずお金も使っています。だから楽しく仕事ができているなと思います。最近、部下たちも「こうしたい」「ああしたい」って言ってくれるようになってきたので、何か良い流れになってきたなと。

ル・モンドのことを今、思いながら喋っていますが、本当に制限なく自由にある程度させてくれてるので、楽しんでます。

もちろん目標は達成しなきゃいけないんですけど、その達成する方法に対しては、ある程度自由にさせてくれているので、上の指示に従いなさいというだけではないので楽しくさせてもらっています。

ゴールはありますが、そこに向かう方法は自分で考えられます。本当にこれからもっと若いスタッフや年数の浅いスタッフも、法人を好きになってくれたらいいなって思います。部下にどこまで見えているかわからないんですけど、本当に楽しんで仕事をしてほしいなと。こういう法人なので、楽しく仕事して、お給料をもらって、また楽しい人材を作っていって、良いサイクルにしたいなっていうことを思ってます。

田中：良く言えば本当に仲が良いんです。でも、裏を返せば、なあなあなところもあるなと。もう少しやらないといけない、達成しないといけないことに対しての厳しさ、できていないことに対する指摘が必要かなと思います。

やっぱり、ネガティブなフィードバックっていうのをすごく嫌うっていうところが、ちょっと社風みたいなところもあるのかなと思います。福祉を志す人たちとして、もしかしたらそういうのがあまり得意じゃないのかもしれないんですけども、それじゃあ駄目だと思います。今の千種会に足りないのは、そんなところではないかと思っています。

秋吉：他の社会福祉法人では経験できないようなことを千種会ではできるのかなって思います。幅広い事業で、職員のいろいろな可能性を引き出すような法人なのかなと思いますが、それをまだみんながわかってないというか。

もともと甲南山手は特養と保育園でしたが、スキンクリニックができたり、キッズスクールができたり新しい展開をしていっています。それぞれ単体ではうまくできているかもしれないんですけど、甲南山手の建物として、何か今一つうまくいっていないかなという気がしてそれが悩みです。何かもっとお互い協力して、千種会として何かできないかって。何かもったいないなと。もっと違う可能性を見ていった方が千種会が発展し、うまくいくのかなって思うんです。せっかくいろいろなものがあるから何か法人として、考えられないかなって。そこを繋げることを法人として協力していけば、もっと世間にも千種会が知ってもらえるのではないかと思います。

森脇：多分法人の中で、法人に所属しているスタッフ自体にも伝わりきってない方向性とか、そういう可能性とか、それを広めていかないといけないのが今後の課題なのかなど。

松本：私は延岡でもう10何年も理事をやっていたんですけど、他の施設の方たちが集まっての勉強会に何回も出させていただきましたが、まずこういう雰囲気はないんです。だから、本当にそういう意味で良いなっていうか、こういう話し合いをするというのが、一つの法人だからできるのかもしれないけれども。私が講演した後に別室で相談されるのは賃金をどうするかとか、そういう話であって、施設の内容をどう高めようかとか前向きな話に至らないんですよ。私はちょっと外れた人間だからいろいろ発言するんですけども、それは置いといてっていうような感じで、議題にならないんですよ。

私は役割上、北欧にも3回ぐらい行って実際にヘルパーさんと同行訪問してみたりしました。どう相手を理解するかっていうところを中心に研修させてもらったんですが、人が生きるとか、高齢者をどう理解するかっていうところの視点がものすごく足りないと私は感じたんです。

この度、この座談会に参加させていただけるということで、千種会のあらゆる施設を検索しましたが、今スキンクリニックがある場所で、以前実務者研修をさせてもらってたので、あそこがそうなったのかと驚きました。独自の美容室やエステサロンとの繋がりのスキンクリニックかなって私は想像したんですね。

若い人にも、高齢者にもスキンクリニックのニーズがあるだろうから、千種会の事業全体の流れとリンクしていないという感覚は全然私にはなかったんですね。

また、キッズスクールに関しても、「いろいろなことを習いに来る保育所ではありません」って書いてありました。私は以前ずっと子育て支援のことをやっていましたが、例えばサッカー教室の業者が保育所に来て、子供たちを連れて行くんです。サッカー教室に行きたい子供たち5人ぐらいが保育所を途中から抜けて行くんですね。保育所の先生たちは、楽でいいわっていう先生と、子供たちのデイリープログラムっていうのが、パッと外れちゃうわけですから、それって何なんだろうかって言って悩む先生もいらっしゃるんですよね。

それは親の選択でしょうけども、今の親御さんたちは、何かを習わしておかなきゃいけないっていう焦りがすごくあるんですよね。それにどう答えるかっていうのは一つの課題だろうと。キッズスクールで晩ご飯まで食べられるっていうところがありましたが、私はちょっと引っかかったんですよ。というのは、子育て支援っていう立場から見たときに、やっぱり発達段階を考えた子育て支援が必要だから、その時期の子供にとって、ご飯を一緒に食べるということは立派なものを食べる必要はなくて、ささやかでもいいから、そこでワイワイ言いながら食べることが子育ての基本っていうことを伝えてるんですよね。だから、親の要求だけじゃなくて子供にとってどうか、ということの視点があった上で事業を始める。そういう理論が社会の流れで必要だと思うんですよ。それを踏まえて連携を考えると、人がどう生きるかとか人生がどうかっていう視点が必要です。そして、どこをどう繋ぐかっていうことは、やっぱりディスカッションしていく必要があると思うんですよ。甲南山手に保育所がありましたが、その保育所の人たちと特養の人たちがどれぐらいディスカッションしてるか。北欧では、デイサービスの隣に保育所があって交流しているんです。常にじゃないけれども、隣接しているのだったら一緒にやった方がいいと思うんですね。

私の娘は国際結婚しているので、何回も北欧に行って、実際に彼のおばあちゃんのシニアマンションっていうところも私も勉強がてらに行ってみました。あるレベルの階層の人たちが入ってらっしゃるところなんですが、そこのすぐ隣が森で、森の中に保育所があるんですよ。木にブランコがあってその隣に遊歩道があって、お年寄りが歩きながら、声かけあって。窓から子供の遊びを見ているとか。だから、人が生きるというときには、子供からお年寄りがいて当たり前の社会があって、お互いが連携して、おばあちゃんっていうのはああいうのがおばあちゃんだねって。そういうことをわかり合える雰囲気を作るために同じところで生活するのはいいと思うんです。

同じ場所や隣接した場所にあって、お互いにオープンになっているというだけでは意味がありません。そこをどう連携するかっていうのは、秋吉さんが言われるように、みんながそこで考えていくっていうのは大事だと感じたんです。

確かに、他の法人の方が施設を見たら、皆さん戸惑うと思います。それぐらい千種会は違います。今さっきル・モンドに連れて行ってもらいましたが、Ｌｅｓ芦屋よりももっと前に作ったたって言われるけども、やっぱり五感をきちんと意識していると思いました。年をとっても、「生きる」ということの必要性を考えた建物だなっていうのはわかりました。そういう姿勢でないといけません。やっぱり年寄りはこんなもんだって考えるのではなく。

塚口先生も私も高齢者で、施設で生活する人になるでしょう。最初から歳を取ってる人は一人もいません。きちんと社会的な役割を果たしてきて、年を取って要介護の状態になったときに、もう年寄りだからって、それでいいわ、じゃないと思うんですよ。特に今からは、後期高齢者が団塊の世代に入ってくると、自己主張もすごく強くなると思うんです。

だから、今の高齢者と同じような高齢者と考えると間違いが起こると思うんですよ。そこのところを勉強していって社会の中の私達の役割っていうのを見ていかないと、難しいだろうなと思うし、要求に応えられないし、本当にここで良かったなって思える場所にはならないだろうと。

森脇：私の場合は、高齢者介護の分野に関して素人で入ってきましたが、30年ちょっと仕事をしてきて今感じることは、老人ホームに入居するということが、ご本人にとって本当の意味でネガティブじゃなくなる施設を作りたいということです。

Ｌｅｓ芦屋ができたりしてホテルのようですねって言われることもあります。ご家族はこういう施設ならぜひ入ってほしいって言ってくださるんですけど、本当にご本人が喜んでくださっているんだろうかというのは常に疑問があって。本当はご本人が「私はここで生活したい」と心から思ってもらえる高齢者施設であるべきじゃないかっていう思いがすごくあります。でもそれを考えたときに、要介護状態になった方だけを考えて施設を作っては絶対駄目っていうのが、すごく私の中に芽生えてきました。では、要介護以前の方々とどうやって繋がっていけばいいかを考えているうちに、地域を巻き込むことが重要だと感じるようになりました。その地域の中で社会としての循環とか経済としての循環の中に、施設がちゃんとポジションできるのかというところはすごく大事かなって思うようになってきたんですね。

スキンクリニックもキッズスクールも、実を言えばすごく計画的な繋がりがあります。両方ともコンセプトを中に埋めこんで作ろうというスタートではありませんでした。けれども、意味としては、そういう多世代にフォーカスしていける窓口ができたっていうところが大きいです。そこをさっき皆さんが言ってるような形で、どのようにそのコンテンツを繋げてうまく一つのバリューみたいなものにしていくかっていうのはすごく大事なことだなって思います。それは私だけじゃなくて、本当にここにいる皆さんたちがこれから千種会を担って立つ人たちなので、自分たちでどうしていきたいかっていうのをしっかりと考えて繋げていってほしいというのは私自身の大きな希望です。

そういうところで最後、皆さんにこの千種会が自分としてどんな法人なってほしいか、むしろ自分がどのようにしていきたいか。この法人に託す夢、塚口先生からいただいたテーマを1人ずつちょっとご意見を聞きたいなと。

目指すのは統合か連携か

塚口：それに入る前にちょっと疑問を挟んでいいかな。この法人に託す夢はね、みんな似ているようで違うところがあるんだよね。

僕はその夢を描くときには、それぞれの施設が、その施設を運営する責任者の考えでかなり違ったカラーが出てくる可能性があると思うんですね。僕はこれでもいいかなと。

秋吉さんが言われた一つの意思でまとまってということも大事で、必要だっていうのはよくわかるんだけど、「統合」なのか、あるいは「連携」なのかね。「連携」というのは個々の特色があって、それぞれの特色を生かしながら、手を繋ぐというのは連携なんだよね。

これをね、どういう繋がりで、将来に発展されていくかということが、千種会にとっては大きな課題かなというように思うんでね。そのこともちょっと頭に置きながら夢を聞いてみたいです。

森脇：先ほど塚口先生がおっしゃった統合なのか連携なのか自分の中にイメージするところを考えながら意見をいただけますでしょうか？

神谷：甲南山手の目指す今の現状は、統合と連携におかれたらどう違うんでしょうか。「統合」としたらどうあるのかが分からないです。

塚口：「統合」というのはね、考えも目的もその目的を達するための手段も、もう大体似たようなものになってしまう。ＡもＢもＣも似たようなものになってしまうということ。

ところがね「連携」ということでは、それぞれの施設の特色があって、その特色を生かしながら、お互いに敬意を表する。だからね、その辺を将来にわたってどのようにみんなが考えていくかということ。

なぜそんな問いを言ったかというと、これは昔の満州の植民地政策の話でね。満州鉄道の調査部というのは、いろいろな人がいろいろな考えを持って入ってきて、しかもそれぞれみんなバラバラなんだよ。だけど、そのバラバラのところを、必要な時には、互いに手を結び連携させるということでね。満鉄っていうのは、植民地政策だけど、みんなバラバラの考えを持ちながら、でも発展してきたよね。これは面白いなっていうのがあって。だから「連携」というのは個々の特色をもって、その特色をお互いに尊重したり生かしながら、手を結んでいくのが「連携」なんだよね。みんなは将来どっちを選ぶかなんですね。

神谷：その話を踏まえて、秋吉さんはどう思いますか。

秋吉：私は連携のつもりで言いました。それぞれの特色を生かした上で、まとまるときは、協力してってていうのを言いたかったです。統合では私はないです。やっぱりそれぞれの特色っていうのはあるから、それをまったく一緒にはできないと思うので。

施設によっても、同じ特養でも、管理者は変わっていくので。今でも甲南山手は何回か管理者が変わったんですけど、その時々でやっぱり若干違ってきてると思います。それはそれでいいと思います。ただ、それが建物内でうまく協力できる体制っていうのは作っていた方がいいという思いはあります。

神谷：入居者も、ご家族も地域の人も、働いているスタッフも、やっぱり一人の人として尊重される、想いが大事にされる、大事にする、施設がいいなと思います。

森脇：自分ではそのためにどう取り組んだらいいと思いますか。

神谷：心理学を学んだり、塚口先生のおっしゃったような歴史を学ぶことや、地方と都会に住む人の生活や考えの違いを学ぶことなどが大事だと思います。いろいろな人が交流するような機会があったらいいと思います。そういった意味ではいろいろな環境や考えを持った人達が連携していくのがいいと思います。やっぱり違いがあるから視野も広がると思うので。

塚口：法人として確固とした理念はある。その上に立って、長友くんが運営するやり方と、松山くんがやるやり方と、微妙に違ってくる。それを認めないと僕は発展はないかなと思う。だから認めあいながら必要なときに力を合わせる、ということになる。

松山：僕も生活も含めていろいろ考えることがあったんですけど、最近故郷に帰ったことで、原点に帰った気持ちになりました。僕は、森脇さんも言われたように、本当にこの施設に入所して良かった、この施設で最期を迎えられて本当に良かったたって思える施設を施設長として作りたいです。本当にそれは自分の原点だなと思っています。職員たちと議論する中で、現場では人手不足とか、いろいろな課題があって、もうその理想どころじゃないっていう現実もあり、そことぶつかり合いながら仕事をしています。従来型特養や特養のショートステイの方は特に、費用のことが優先で、自ら利用したいと思って利用される方っていうのはほぼいないのでは？　というところです。僕は職員さんとも話して、どうしたら自分が住んだり、家族を安心して預けられる施設にすることができるかなと考えています。そこの部分に千種会としても、これから目を向けることが大切ではないでしょうか。

連携か統合についてはやっぱり、直感的にも連携の方が大事かと思います。千種会には高齢者部門でもいろいろな施設もありますし、種別もほぼ揃っています。おおぎの郷には、医師、社会福祉の地域包括、リハビリなどがあります。保育もあります。いろいろな職種があり専門職種がすべて揃っているので、各施設の良いところを取って横が連携して、いろいろな考えや違う視点からの意見をもらいながら、連携を取っていくべきかと思います。

管理者同士も日々何か困ったことがあったら、個別で電話相談したりなど、いろいろなところで連携はしています。原点に返って、夢を見たいなと思います。

長友：私はル・モンドの管理者をやって6年目になります。私も初心に戻ると、最初の施設で面接された時に、当時の施設長から「どんな職員になりたいか」って聞かれたんです。今も覚えてるんですけど、「ご利用者様に好かれる職員になりたいです」って言ったんです。その施設長に「それは当たり前や」と言われたんですが、正直、カチンときたんですよ。好かれる職員になることは結構大事なことで、誰でもなれるわけじゃないなと思っていて。自分は職員、お客様と話す、そこが大好きだったんです。宮崎から出てきて言葉も違いますし、お客様は年配の方々ですが、まずはお客様と話すのが大好きで、その人と話して気に入ってもらうことを大事にしてたんです。

そこで自分に居場所ができ始めたのを感じて、今に至っています。ル・モンドでも管理者がいろいろ変わってきたんですが、さっき塚口先生から連携のお話を聞いたときに嬉しかったんです。それぞれいろいろな人のやり方があるんですけど、やっぱり私がやりたいやり方じゃないと、他のやり方をやれと言われても私はできない、楽しくできないと思うので。私は本当にもうアットホームというか、職員とお客様の距離が近くなって、ここに入れると楽しいと思える施設にしたいなと思っています。最近ル・モンドには認知症ではない方も結構入ってこられていまして、体験入居した後に一度帰ってやはりル・モンドに入りますという話があったり、ご主人様が入られて、亡くなられた後に奥様が入ってこられるということもありました。そういったところで、評価されてるのかなと思います。

塚口先生がおっしゃるのがそういうことだったのかな、という事例が一つあって、「長友さん今何年目ですか」と聞かれて、「5年目です」と答えると、「そろそろ転勤があるんじゃないですか」と。「あなたがいなくなるとまた変わってくるので、そこを考えると入居を迷うところがあるんです」という話をされ「いや、千種会は東灘区メインでやっているので、いつでも来られます。もし転勤になったとしてもいつでも話ができるので、そこはご安心下さい」と言って、入って下さった方がいるんです。そのようにしながら私が得意とするアットホームな雰囲気、なるべくお客様と職員が近くなって、いずれは、たまには職員と一緒にお食事などできるっていうことをしたいですね。

多分ご利用者様も思ってくださっているだろうなと思うんです。職員らとちょっと賑やかに食べたいとか、もしかしたらお酒を飲みたいという人もいらっしゃるかもしれません。その中にご家族様もご一緒できたらなおいいなと。そういう施設を作りたいなと思っています。

また、近隣の方にも助けてもらわないといけないので、近隣の方を見学会に招待して、ル・モンドの良さなどを広めていけたらなと思います。

そういう方向を目指したいので、僕も連携かなと。統合ってなると多分難しいと今思いました。

田中：私の中で最近のテーマは、千種会が100年続いていく企業になるためにはどうしていくかということです。他の100年続いてるような企業にならっていうと、やっぱり変わらないものと、変わっていくものっていうのは絶対あるなと。千種会のスタイルっていうのは、地方の千種町から始まって、特養を中心とした介護保険事業を生業としています。思いやりの心を持ちますとか、限りなく清潔とか、そういったところは本当に変わらない。変わっていかないといけないところは、やっぱり、介護保険外のサービスっていうところも関わっていかないといけないと思います。時代の変化でＩＴなど、こういったところにもついていって変わっていかないといけないと思います。

さっき森脇さんがおっしゃったように、老人ホームというとネガティブなイメージがどうしてもあるんです。この辺をどう解消していくかっていうところも私達のチャレンジなのかなと。ネガティブというのは、体が動かない、孤独とか、このまま誰かに助けてもらわないと生活できないんだっていうようになってしまってからの関わりって、それがすごくネガティブだと思うんです。なので、今長友さんの話でも出てきた、ル・モンドに地域の方を招待しますっていうのは、健康な状態の時から関わってもらうっていうところでも大事なのかなと思います。高齢になって、どうしようもなくなったときに関わるのではなくて、それ以前のところから関わるということで、ネガティブなイメージを少しでも払拭していくことが大事なのかなと。そこのサービス展開というのは、今千種会もなかなか取り組めてないところなので、そこをどのように事業に組み込んでいくかということが大事なのかなと思っています。

そういう意味でいうと、健康な状態から要介護の状態になったところまでの切れ目のないサービスっていうのをどのように自然に作っていけるのかと考えた時、やっぱり地域の予防事業だと思います。私はどちらかといえば運動が好きですし、健康意識がちょっと高い方かなと思うんですけど、こういう人より、孤独になりがちな人たちに、どのように気づかせてあげるか。「自分は大丈夫ですよ」って言って、いきなり病気になってしまったり障害を負ってしまうことにならないために、今のうちから介護予防がどれだけ大事か、それを地域でどうコーディネートしていくのか。それを千種会でやっていく必要があるのかなと思います。「運動しましょう」と言ってもなかなかやらないじゃないですか。どうやって健康意識を高めるかとか、そういうご自分の将来をちょっと見据えるような機会を持ってもらうとか、今から何ができるのかっていうようなところを差し示すことも千種会の使命かなと思っていて、それを担っていきたいと思ってます。

先ほどの塚口先生がおっしゃった、連携か統合かということについてです。甲南山手の事業所間での連携ができていないという秋吉さんの抱える問題に関しても言えるかもしれませんが、これも結局「人の良さ」みたいなところがあるのか「それはちょっとおかしいんじゃないの」っていうところがあったとしてもなかなか上手く指摘するっていうことがちょっと苦手なのかなと。秋吉さんは、割とそういう厳しいことも言えるのですが、それが僕は大事かなと思います。松本先生もおっしゃっていましたが「学科長とバチバチやってた」って全然知らなかったんですけど、先生もやっぱり想いの中で戦ってたんだなと。千種会はそこが足りないと思います。そこがあれば、「いや、ちょっとスキンクリニック、こうなんじゃないの」とかっていうような指摘をしていって、想いをぶつけていく話の中でいろいろと出来上がっていくのかなと。なので、「わかる、いいと思うよ」だけでは本当の連携っていうのはなかなかできないのかなっていう気は最近しています。

秋吉：甲南山手のことになってしまいますが、「地域の人との関わりを大事に」っていう割にはそういうのが全然ないのかなと。他の施設もそうかと思います。

結局、入居相談などになってくるんですけど、本当に近所の人が来ているかと言ったらそうじゃない。すごく便利な住宅地にあるのに、関わりが少ない気がします。入居の相談じゃなくても気軽に地域の人たちに何かあって困ったら甲南山手に行こうとか、そういうふうにちょっと思ってもらえるような施設、法人であれば、もっと広がりが出てくるのかなと思います。気軽に来て、たわいもない話をして、何かあったときに協力できる関係性がいいなと。災害時などでもやっぱり、特に地域の人の協力がないと駄目ですし、こっちも助けてあげたいという時に普段からのコミュニケーションがあれば、「あの人大丈夫かな」とかっていう考えになるのかな。そういう意味でも気軽に来れるような施設になる必要があるのかなと思います。

森脇：最後に、先生方から一言いただきたいと思います。

松本：どのぐらい喋っていいのか、いっぱい言いたいことはあるんですけど。

私はやはり対人援助技術っていうのはすごく自分自身の人間性も高められるし、ものすごく学びがあるっていうように思ってるんですよ。すごく重要な仕事だと思うので、それをやってらっしゃる皆さんにはぜひこのまま続けていっていただきたいし、深めていっていただけたらなと。やりがいや、仕事の喜びは変化の中に見いだしていっていただけたらと。というと、やはり発想の転換というのはすごく重要になってくると思うんですね。

千種会というのは、皆さん言ってらっしゃるように、非常に新しい取り組みをされているし、一番最初に岸本ＣＥＯにお会いしたときに、地図を広げて「こことここにこういうふうなのを作りたいんだよね」っていうのを塚口先生に話されたときに、たまたま私がそこに同席させてもらっていて、それからいろいろなところができ始めたんです。私は割と早くから関わらせていただいているんですが、特別養護老人ホームのような一般的な施設からＬｅｓ芦屋のような高級な施設までありますが、その中で「人が生きる」というそれぞれの「生きる」を支援するというお考えを持ってらっしゃるんだなっていうのがわかります。コラムを見せていただいたんですが、持ってらっしゃる理念が、やっぱり一貫性があるっていうのか。例えば、特別養護老人ホームのような一般的な施設にあんまりお金はないけれども、その人たちの「生きる」ということを大事にしたいという想いで、作ってらっしゃるという想いは、すべての施設で同じなんだろうなって思うんですね。また、Ｌｅｓ芦屋のような五感を大事にした施設っていうのは他にはあまりありません。「人が生きる」ということをやっぱり大事にしていただきたいなと思いますし、そうあってほしいという願いもあります。自分が実際に後期高齢者になってみて、83歳になったんですね、私ね。そうなったときに、何を自分が求めるだろうかっていう、利用させてもらう立場から、お話ができたらなっていう思いがあってここにも来ています。先ほど長友さんが「自分の居場所がここにあるなと思った」っていうような言葉を言われましたが、私もそうです。ひとつの「居場所」と感じる気持ちが後押しして、今日この場にいます。3月で仕事を辞めてみて、自分の居場所はどこなんだろうかっていうのをすごく考えるんですね。一日家にいると。

どんなに高齢になっても、たとえ障害を持っても、生きている以上は居場所がいるんですよ。認知症であっても居場所がある。それが生きるという励みになるような気がするんですね。

お時間があればぜひ読んでいただきたいのですが、東京工業大学のリベラルアーツ研究教育院の教授で、今もたくさん本を出してらっしゃる伊藤亜紗さんっていう方なんですけど、その方と介護福祉士の村瀬孝生さんの往復書簡『ぼけと利他』（ミシマ社　2022年）という本です。

認知症の方が発する言葉や行動をずっと分析していくと、それなりの理論があるということがわかるんですよね。

伊藤さんの本は、例えば中途障害で腕がなくなるとか、それから先天性の障害であるとか、全盲であるとか耳が聞こえないとか、そういう方たちと対でいろいろなことをやってらして、そういう方たちが「生きる」というときに、どういうことが大事かということを分析しながら対応の仕方を考えているんです。

例えば濡れたオムツを夜になったらベッドの端にかけて、ずっと電気をつけてるおばあちゃんがいるんですね。「あのおばあちゃんボケているからね」と抑えてしまうけれども、そのおばあちゃんなりに乾かそうとするから電気をつけているというところに至るんですね。

そこでの言葉かけ、対応の仕方というのは、それをわかった上での言葉かけや対応をする。そのおばあちゃんも「わかってもらえた」ということで居場所作りになる。そういうことまで、考えられる人が大事なのです。

今の世の中は、少しでも時間を無駄にしないということに重点が置かれていく傾向ですので、おそらく5年後には、この社会はものすごく変わってるんですよね。ＩＴやＡＩの影響もあって。今はほとんどの処理ができるロボットが開発されているから、人材不足をどう対応するかということを考えるとき、対人間じゃないとできない部分だけを残して、あとはどこにどう任せるかということも研究していったらいいと思うんですよね。そんな中で介護福祉の仕事も変わってきていて、ペーパーレスになっていて、残業もなくしていってということが、そんなに難しくない時代になりました。統計によるとＩＴやＡＩの導入にかかる費用と残業代を比較すると残業代の方が高いそうです。残業して疲弊していって辞めていく人たちも多いと。例えば福岡県の福智園という施設では、「Notice」という介護記録システムを開発して、話題を呼びました。ＩＴやＡＩを導入してどう活かすか、何を一番大事にするかを考えることが大切です。

その人の生きてる、ということを一緒に喜びながら、施設に自分の居場所があれば、喜びながら生きていけるんですよね。いろいろと諦めて入所するんじゃなくて、そこで生活することを喜べるような施設とはどうあるべきかっていうのを、現状のままで考えると難しいと思うんです。でも、これだけいろいろなものがあれば、どこに何を入れるかを研究していけばいいと思うんです。そういうグループを作ってもいいんじゃないかなというふうに思うんですね。先進的な知識をどんどん入れていく必要があるんじゃないかなっていうことを思います。

私が、日本の施設で一番足りないと思ってるのは、個人の幸福感を満たす取組みが少ないことです。狭いっていう理由もあるんですが、寝て起きてご飯を食べるといういわゆる生理的欲求を満たすことに重点が置かれています。生きる喜びはそこにはないんですね。生理的欲求を満たすことだけがケアではなくて、「生きることを支援」することまでをケアと考える。

例えば、北欧ではほとんどの施設に自分がやりたいコーナーがあるんですね。私が行ったスウェーデンとデンマークでは、染色や機織りの部屋や、絵画や竹細工の部屋などいろいろな教室があるんですね。そこに、「今日は何をしようかな、機織りをしようかな」などと思って行く。だから、1人の人が1か月以上かけてタペストリーを作るのに自分の機織りを持ってて。そこの工房は、片足しか使えない人用に、片足で移動できる椅子が置いてあるんです。片足で行っては取ってきて。私達のように見学に行った人たちにそこで作った小物を売ったりもしているんですよね。そこには自分でやることがあるので、ただただじっとご飯を待ってたり、テレビを見てるだけじゃなくて、アクションも自分で起こすことで活性化されて動きがでるんですね。リハビリを1234とやるんじゃなくて、これを取りたいと思うから手を出すというリハビリの方が喜びがあるんですね。そういうところが、一番日本には足りないなと思うんですね。さっき言ったアメリカのシニアマンションにも全部あるんですよ。

楽しんでるんですよね、生活を。そういうことができないかな。そういうことがあれば、「施設に入らないといけない」じゃなくて、「この施設に行きたい、私が私らしく生きたい」となるんじゃないかなと思います。自分でできる楽しみを組み立ててさしあげる。そうすれば、寝たきりになるということも少ないだろうし、喜んで動ける。日本の施設には、その喜びが少ないと思うんですよ。団塊の世代が後期高齢者になりますが、ほとんどの人が働いて自分のお金をある程度持っていると思います。だから、それが叶う世の中がくると思うんですよ。たまに誰か来て会話する…じゃなくて、毎日の中で会話することが大事なんです。

今、私は主婦だから役割があるけども、何にも役割がなくなったとき、その時の虚しさっていうのは、今まで一生懸命やってきた人ほど多いと思います。

山口県に「夢のみずうみ村」ってあるのご存じですか。そこに見学に行ったんですが、そこでは負荷があることがプラスなんです。負荷をクリアしたら、ユーメ（エコマネー）という村内通貨がもらえます。このユーメを運用していくんです。どうやって手に入れるかというと、例えば広い園内の中に負荷があって、坂道をエレベーターを使わずに上がったらユーメがもらえます。他にも施設に来て自分で血圧を測ったら、ご飯を食べて明日の分のお膳を自分でセットしたらもらえるとか、自分で主体性を持ってやったら獲得できます。獲得できることを楽しみにして自分でやるようになります。そこでは本当にいろいろなことができます。そこには、オリジナリティのある楽しみが用意されています。

田中くんは見学に行ったことがあるんですね。何か工夫したら施設内でも同じようなことができるし、バザーを開いたら、その施設内のエコマネーを使って何かができる。お金を使うということは、頭を使っているから、何も計算問題をする必要もない。実際の生活の中で本当に生き生きとして、職員はどこにいらっしゃるのかなってわからないぐらいです。私達を案内してくださった方は、言語訓練に通っていたおじさんだったのですが、「私はこうやって案内して回ることで、喋れるようになりました」って言われたんですね。

ただそれは、案内だからある程度のレベルでないとできません。私達も見学に1万円ぐらい払うんです。それは案内してもらうためのお金じゃなくて、寄付金としていただきますと言われました。13時から案内の場合、おじさんのその日のデイサービスのスケジュールは、13時からの1時間は、「この人たちを案内する」ということなんです。得々として喋られました。

　このように発想を変えていくと、こういうデイサービスもあるんだっていうような展開をしていくことはできるし、それはもう、「デイサービスにいかないといけない」ではなく「デイサービスに行こう」という形になります。入口に今日通って来られる人の名前が書いてあって、今日は私はパン作り、私は水泳っていうのをマグネットで自分で各々が貼るんですね。14時になったらチャイムも何も鳴らないんですけど、みんなが時計を見て集まってくるというように主体性をものすごく重要視していったら、私がやることは私が決めてやっている。そういうことができるんですよね。それをやってみたらどうだろうかと思います。

　つい最近ですが、『新時代』という認知症予防財団が発行している新聞があり、ここで取り上げられていたのが、新井平伊教授の健脳（健康な脳＝けんのう）という認知症予防についてです。健脳のセミナーをやって、その相談士と、指導士を作りましょうという話があり、今年から東京で「健脳カフェ」というのを開いてらっしゃいます。新井先生たちがやっている健脳カフェは全部Ｚｏｏｍで受けられるプログラムです。

これからの福祉をどうするか、今だけじゃなくて、社会の変化に応じて何を学んで、何に向けて、何をやろうとするのかを考えていく必要があって、それが面白いんじゃないかなっていうふうに思うんです。

私は発達障害の相談をやっていたので、82歳になって、アドバイザーの資格を取りました。検定を全部受け、資格を取りました。そうすると、学びはありますし、自分自身の認知症予防と思いながら勉強しました。今のままではなくて、世の中が「変わる」という時代に沿って自分たちは今何を学んで、どういう発展をさせていくかっていうのを、既存の物じゃないところに視点を置いていく必要があると思うんですね。

この間NHKでロボットの開発や、AIの進歩についての番組を見ましたが、そこまでやるかと思いました。とすれば、人材不足はロボットやAIでかなり補えるだろうなと。

では何を残すか。人間だからこそできること、そのコアな部分を探っていくことが理念として大切になります。何でも任せればいいんじゃなくて、絶対残さなきゃならない部分があるじゃないですか。そういうものを勉強していくためには、前述の伊藤さんの本を読んでみたり、ＮＨＫの番組を見たりして、自分が今やっている、自分が置かれている仕事とそこをどう結びつけて、どう広げるかを考えてほしいです。それをやっていくと、もっと発展できるんじゃないかなっていうことを感じています。

皆さんが置かれている環境は、とてもいいんですよ。これだけ施設長同士の連携が取れていて、同じ大学時代の話を一緒に懐かしめるような施設長の仲間ってほとんどいないんですよ。その良さを生かしてほしいです。一緒に話せるということはすごいと思うから、すごい力にもなると思うからぜひ発展させていただきたいと思います。

また、地域のボランティアの養成などもいいと思います。長野県にある病院は、だいぶ昔は、死亡率が高いところだったんですが、今はものすごく死亡率が低くなっています。それは、院内にボランティア課があり、患者さんとボランティアを繋ぐコーディネーターがいて、ボランティアと連携できたからです。ボランティアにもきちんと研修を受けてもらうんです。秘密保持や担当以外には手を出さないことや、困ったときの対処法など。全部学んだ上でボランティアに入ってもらいます。ボランティア募集のチラシを配って集めるのではなく、「あそこに行ってみたら学びの場になるんじゃないかな」と繋がっていけます。

私達高齢者は、自己肯定感を構築したいという思いは死ぬまであります。だから

「高齢者はこうだよね」とか、「あの人はボケてるよね」じゃなくて、ボケていても プライドもありますし、やっぱり認めてほしいです。「居場所を作ってあげることのケア」というのはすごい大事だと思うんですね。

そのためには、やはり人間性、理解しようとする姿勢、そこのところを大事にして皆さんはスタッフの教育あたってほしいと思います。十把一絡げに「あの人はこうよね」じゃなくて、認知症の人でも朝と夕は全然違うでしょ状態が。それをどう理解して、どう対応するかっていうことじゃないかなと思います。

人材不足に関しては、日本人だけではもう無理だと思います。外国の人でも対人間なのだから、どう理解してもらうかっていうことと、こちら側が同じ人としてどう受け入れて、一緒の仲間としてどう動くかが大事だと思うんです。それにＩＴやＡＩをどう入れてどうセットしていくか。トップの方たちのアイディアがものす

ごく要求されるのが今からだと思いますし、そこを考えるのが面白いと思うんですよ。皆さんにはやってみたらいいという環境が与えられているので、ぜひチャレンジしていってほしいです。

森脇：私は「ご本人が喜んで積極的に自らの意思で入りたいという施設を作りたい」と言いましたが、今はまだ「自分はお世話にならないと生きていけない」というような後ろ向きな気持ちにさせてしまっています。そうなってしまうのは、結果的に今私達のやっている仕事の構築自体が全部そうなっているからです。それは生理的欲求を満たすためのケア、人の世話にならないといけないというような場所に施設がなってしまっているためだと思うんです。自然の流れ、制度の流れである意味仕方ないとは思うのですが、やっぱり自分の「仕事」っていうのが、あるかないかはすごく大事なのかなと。私達が今やっているような仕事だけじゃなくて、自分に何か生きていく上での役割があると実感できるかどうか、それを実感させていけるかどうか、というところがすごく大事なんじゃないかなと思います。こういうところに来たら、私はご飯を人に作ってもらい、掃除も人にしてもらい、なんならトイレも誰かに手伝ってもらわないといけない、お風呂も誰かに入れてもらわないと生きていけない。だけど、そんな生活をしていても「これは私の仕事」というものを、何か一つでもその人が感じられるかどうかがすごく大事なのだと思います。小さなことでも施設の生活の中に何かそういう要素を提供したいです。「明日起きるのが楽しみになる」そんな施設を作っていけるかどうかというのは、岩岡の郷ができたときからすごく胸にありました。まだ発展途上なんですけど、やっぱり自分の役割、誰かから求められる役割、誰かに必要とされる役割がある生活を作っていくことが必要だと思っています。

皆さん管理者として感じていると思うのですが、日々時間が足りない、人が足りない中で、現場はタイムスケジュールに追われる毎日です、次はオムツ交換に行かないといけないとか、食事の用意をしないといけないっていうような毎日に追われて専門職が揃っててもケアプランの中に、その人その人の自己効力感をどうやって作るかっていうような目標設定を考えていくところまで至らない。みんなそうしたいと思ってても、なかなかそうならないっていう想いがあると思います。だけど、本当に機械やAIなどを上手に使い、本来自分たちが対人間として構築していく本当のサービスの意味というものを一緒に考えていけたらいいなと思うんですね。

千種会がちょうど32年間歴史を刻んできて、そのうちやっぱり世代交代していきますし、私もそのうちやっぱり卒業を迎えて見守られる世代に入っていくようになります。今まではCEOの岸本は、「こっちに行くぞ」っていうように自分でリーダーシップをとるタイプだったので、私達はそれについて行く感じの流れは大きかったです。しかし、これからは次を繋いでいく人たちが、そういう今まで培ってきた千種町からの文化というのを大切にしながら、自分がどうなりたいか、どんな施設を作りたいか、その中で自分がどのように夢を実現したいか、どんな人間になっていきたいかなどを考えながら、千種会という舞台の中で、一人一人がそれを活かした形で夢を実現してくれるようになっていただければいいなと、松本先生の話をお伺いしながら思いました。

松本：夜間のおむつ交換も機械的にするんじゃなく、データを全部分析してもらったことがあるんです。そうすると、眠れないから「おしっこ」と言ってブザーを鳴らしている理由がわかったり、その人に合ったおむつかどうかというのを分析して対応していくと、データの中身が変わってきたんです。その人のリズムに合ってきたというか。何かそういうことをやってみると、こういう意味があるのかっていう、仕事の深まりっていうものが出ます。自分自身にそういう深まりがあると面白みに変わってくるんですよね。

森脇：塚口先生は他の用で席を外されました。ご意見を聞きたかったのですが、それはまたの機会に譲ります。

そうですね。その面白みを出していくことが今からとても必要だなと思っています。私のイメージだけかもしれないですけど、看護の仕事っていうのは歴史がものすごく長いので、教育システムがすごく良く整っていて、臨床と教育と研究という、ちゃんと全部の分野がうまく発展してきているイメージがあります。介護の仕事っていうのは、もちろん臨床がほぼ全般、教育はまあまあ、でも研究は遅い、そういう感じがするので、そこのところを千種会として取り組んでいけたらいいなと思います。それもテーマというか夢です。それをやることで、自分たちの仕事の誇りにも繋がるのかなと思います。

松本：そうですね。ぜひ頑張っていただけたらと思います。今日は楽しかったです。希望があるなと。私はおとなしくはならない暴走老人になると周囲に言ってますから、私の居場所、役割があるような施設を作って下さいね。楽しみにしています。

第3部

千種会の将来構想に関する資料

デリバリー・プレゼンテーションとは

私たち千種会グループは、より多くの学生の皆様に、私たちの取り組みや、「ヒューマン・サービス」としての介護の仕事について、深く知って頂きたいと願っています。

そこで、顔の見える方法で直接学生の皆様にお話をさせていただく一つの方法として、私たちが学校にお伺いして行うプレゼンテーションを企画しました。

学生の皆様の貴重な時間をお借りしますので、社会を担う一つの仕事のご紹介にとどまらず、「仕事を通じてどう生きたいか」について、何か一つでもヒントをお持ち帰り頂けるよう考えております。

介護職の実情

「介護」の仕事を３Ｋではないと言い切れますか？

高齢者施設のニオイを知っていますか？

高齢者施設での仕事を始めた多くの人が、直面する悩みです。老人ホームには、食べ物と排泄物、体臭などの入り混じった独特のニオイがあります。最初のうちは、仕事が終わって自宅に戻ってからも、このニオイが鼻について離れません。

ボランティア精神だけではできません

崇高な仕事だと言われても、実際には「食事」「排泄」「入浴」の介助が大半を占め、ルーティンワークの繰り返しです。
時には、罵倒されたり噛みつかれたり、唾を吐きかけられることもあります。腰に負担がかかり、腰痛が職業病と言われています。

いつでも人材不足

介護職の離職率は、その他の業種と比較するとかなり高いです。中でも３年以内に離職する人の割合が高く、少数のベテランが新人を指導する構図が延々と続くことになります。
結果的に、人数はそろっても介護総力の不足が補えず、これを嫌気して離職する人が後を絶たず、悪循環が絶えません。

一般的に給与水準が低い

以上のような仕事でありながら、一般的には給与水準が低いことも、魅力に欠ける一因となっています。
現状の構図では、給与はあくまで介護報酬の範囲内でしか捻出できず、介護報酬が下がれば無条件に給与原資は減り、基本給は低い設定からしか望めません。

介護職の未来は介護職しか変えることができない

どうすれば「未来」のある仕事になるのか？

本来介護の仕事は・・

自分自身を深く見つめることができる仕事

人生の先輩からの学びが豊かな場所

人との関係性の中で自己の成長を果たしていける場所

何がこれを妨げているか

生活全般を支える幅広い業務により、目の前に次々現れる「作業」としてのルーティンワークをこなすことに精一杯となり、これを『出口のないトンネル』と感じる。
専門の資格がなければできない業務ばかりではないため、周囲の認識としても「大変な仕事」として意識されるばかりで、専門性の高さについては言及されにくい。

「介護」と「医療」の違い

	介護	医療
範　囲	「要介護」という状態に対する生活全般のトータル的なアプローチ	「疾患」に対する一時的・一部的なアプローチ
専門性	浅く幅が広い ライセンスが無くても可能な範囲がある	かなり高い 全ての職務に対してライセンスが必要
学術研究	現場レベルではあまり進行していない	現場レベルで常に行われている
社会的地位	低い	高い

本来「介護」は『人間学』という科学に基づくもの

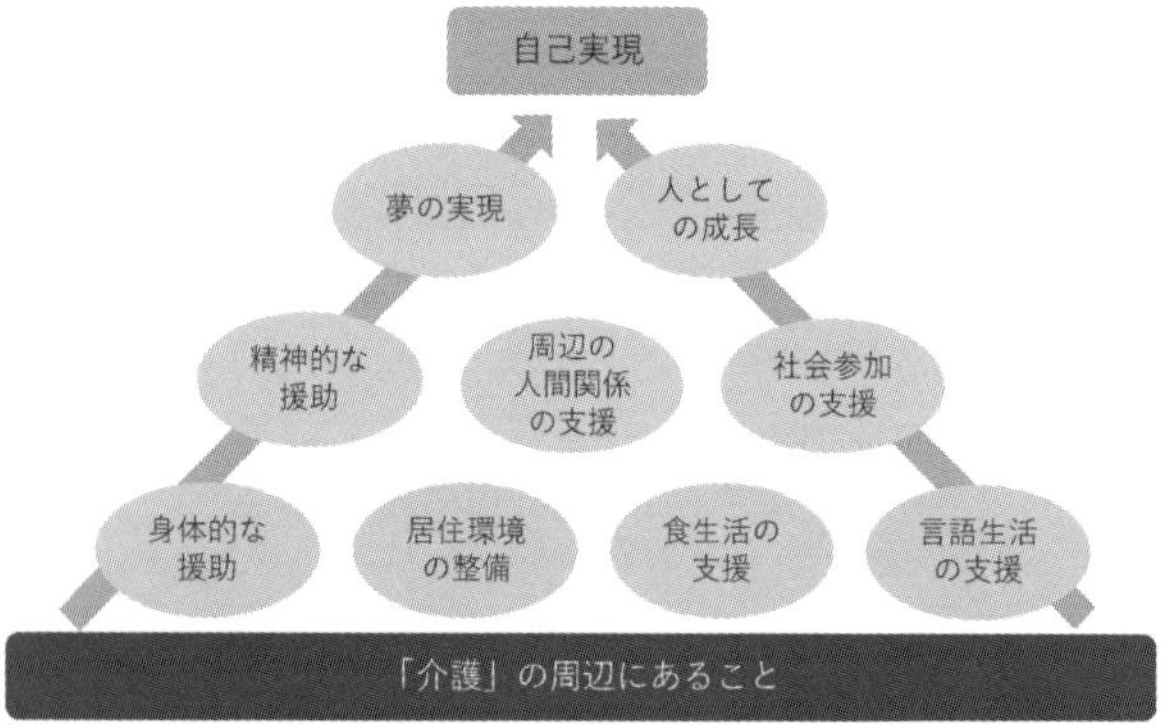

これからの介護分野の課題

目標：医療と相互補完的な役割を果たせる学術分野として成長できる

課題：他職種との協働において情報のアウトプットが有効にできること

そのためには…

研究や学習により専門性を高める

観察力や洞察力などの人間力を高める

その上で

それぞれの介護スタッフが自らの研究課題を持った上で現場に臨み
常に勉強と実践を繰り返すことによって
成長し続けることができる環境と姿勢を育てることが必要

「生きる」を支える
私たちは、
「介護」を一部的・一時的なサービスとして捉えるのではなく、
「人が生きていく」というトータルなニーズに対して、
包括的・継続的に行う対人援助であると考えます。
この立場に立った上で、
ヒューマンサービスのパイオニアを目指し、
私たちが行う事業の延長線上に、
未来の子どもたちが安心して成長できる社会を見据え、
その創造に寄与したいと願っています。

デリバリー・プレゼンテーションの実施手順

採用担当者宛てに、お電話またはメールにてご連絡をいただきます。

TEL：０１２０－４５０－８５６（採用担当者専用ダイヤル）
Mail：saiyou@chikusakai.jp
担当者：坂東　瑠美

採用担当者より、折り返し日程調整のご連絡をさせていただきます。

□実施日時の決定
□対象の学生さんの人数や特性などを把握させていただきます。
□進め方などについてご希望をお伺いいたします。
□必要機材や準備物についての詳細を確認させていただきます。

デリバリー・プレゼンテーションの実施

□スライドを使った千種会グループのご紹介
□千種会グループの取り組みについて
□千種会グループで働くスタッフの『スタッフ・ストーリー』のご紹介
□質問コーナー　　　など

ご見学・ONE DAY体験などのご案内

□いろんなタイプの施設をめぐる見学ツアー
□千種会研修センターによる『介護体験』
などをご案内させていただきます。

私たちが考えるこの仕事の本質

つなぐ
TSUNAGU

—人をつなぐ—

いくつになっても新しい出会いがある
もちろん
初めての出会いもあるけれど
もしかしたら
これまで一緒にいた人と
新しい形で出会うことがあるかもしれない

離れて初めて見えてくるものもある
それは家族も同じ
遠く離れていてもつながることができる

人をつなぐ
世代をつなぐ
家族をつなぐ

それはわたしたちのとても大切な役割

—いのちをつなぐ—

いのちから
いのちへの
「想い」の伝達
わたしたちは
それを受け取り次に伝えることができる
とても希少な場所にいる

誰かが生きた証
ずっと胸に秘めてきた物語を
わたしたちは受け取ることができる

それは時に
とても重いものかもしれないけれど
それを伝えることができた安心を
その誰かに感じてほしい

こえる
KOERU

—常識を超える—

「介護」の常識とはなにか
そこには　いつでも
足りないものを補うという暗黙の了解がなかったか

「施設」の常識とはなにか
そこでは　いつでも
機能を最優先してはこなかったか
それよりも以前に
私たちはお互いに人間であること
そして
たとえ身体の一部に障害があっても
たとえ認知症の症状があったとしても
一人ひとりに
その人なりの「幸せ」や「美しさ」が存在することを
忘れてはいなかったか
本当はどこにも「常識」なんて存在しない
そう思えた時から
わたしたちはパイオニアになれる

—時代を越える—

世の中がどんなに移り変わっても
ほんとうに大切なものは
そう簡単には変わらない

たとえば物を大切にすること
たとえば場所を掃き浄めること
たとえば人をそっと想いやること

日本人がずっと大切にしてきた
生活の中の美意識
四季とともにある文化や伝統

私たちはそれを受け継ぎながら
粋で洒落た　彩ある生活を
現代社会の中に創り上げてゆきたい

おくる

OKURU

—誰かに贈る—

この世から
肉体が消えてしまっても
わたしたちは
この世に生きた証を残すことができる

それは文化や価値観、人間性となって
人から人へと受け継がれていく
きっとわたしたちはそうやって
受け取った灯りを大切に守り継いできた

いつか　誰かから受け取った小さな灯りを
次の誰かに贈り届ける時がくる

その灯りは
未来の誰かを幸せにするものでありますように
そんな願いが込められているような気がする

—誰かを送る—

かならず訪れるその時に
わたしたちは
どんなふうにその人を
見送ることができるだろう

その笑顔も
そのしぐさも
その何気ない会話も

いつかは日常の中で薄まっていくだろう

それでも
その人が生きた証は
私たちの中できらめき続ける

いきる

IKIRU

—わたしを生きる—

わたしは「たった一人のわたし」
他の誰でもない

だから
わたしは「わたし自身」を大切にする

そして
他の誰にも生きられない
わたし自身の人生を生きる

わたしたちがいるこの場所は
「わたし」という人間に向き合える
とても大切な場所

「わたし」を生きること
それが
この仕事をする上でとても大切なことなのです

—今を生きる—

人は未来も過去も生きられない
わたしたちがアプローチできるのは
ここに存在する「今」だけ

それなら
「今」にすべてをかける

今という時代や未来に
不安を感じている暇はない

今　わたしたちにできることは何か
それは　不安にさいなまれる
「介護の未来」を変えること

そして
新しい価値を創り出すこと

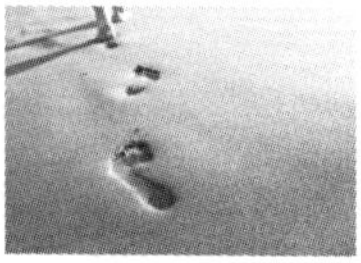

おわりに

塚口先生、松本先生との出会いは、岩岡の郷開設から3年目。当時、九州保健福祉大学から第一期の卒業生をご紹介いただいたことが始まりでした。ですが私にとって、本当の意味でのお二人との出会いは、それからさらに2年ほど経ったある冬の日だったように思います。

その年の冬、思うところがあって、先生方のご都合も顧みず一人宮崎県延岡市の九州保健福祉大学に赴きました。全国的な寒波が到来し、延岡でも珍しく雪の舞い散る日でした。1時間ほどの面談でしたが、卒業生たちを大切に送り出された先生方の想いを、その日改めて知ることができました。「次は私たちが大切に育てていかなければ」と強く感じたのを覚えています。以来、誠に勝手ながら私も卒業生のような気持ちで、先生方とお会いできる日を毎回楽しみにしております。

「他の専門職とテーブルを囲んで議論を戦わせられるプロの介護福祉士を養成したい」

そんな先生方の熱い想い。また、東洋介護の考え方にも大きく心を動かされた私は、これも勝手に「その志を引き継ぎたい」と思いはじめ、今では私自身の目標の一つにもなっています。

あれから20年近く経ち、今もこうやって当時の卒業生たちとともに、先生方をお迎えできることを、何よりも嬉しく心から感謝しております。

塚口先生、松本先生、いつもありがとうございます。そして塚口先生、今回はこのような機会をいただき本当にありがとうございました。

最後に、この度の座談会にあたり、九州保健福祉大学第一期卒業生で、現ル・モンドの副支配人である神谷知美さんには、忙しい日々の合間を縫ってテープ起こしをお願いしました。改めてお礼申し上げます。また、出版社の社様にはご苦労をかけましたが立派な出版物になりました。ありがとうございました。

森脇　恵美

《プロフィール》

岸本　敦（きしもと あつし）

社会福祉法人千種会ＣＥＯ

昭和31年7月3日　兵庫県宍粟市（当時、宍粟郡）千種町生まれ

昭和57年3月　近畿大学商経学部経営学科卒業

平成11年3月　姫路獨協大学大学院経済情報研究科修士課程修了

平成2年9月　社会福祉法人千種会　特別養護老人ホームちくさの郷事務長

平成3年8月　同施設長

平成8年7月　社会福祉法人千種会 特別養護老人ホームおおぎの郷施設長

平成12年8月　社会福祉法人六甲福祉会 特別養護老人ホーム岩岡の郷施設長

平成14年4月　社会福祉法人千種会　特別養護老人ホームおおぎの郷施設長

平成25年6月　社会福祉法人千種会ＣＥＯ

―現在に至る―

平成3年8月　社会福祉法人千種会理事（～平成11年3月）

平成4年4月　西播磨老人福祉施設連盟研究委員（～平成8年6月30日）

平成6年4月　日本社会保障法学会会員、現在に至る

平成11年3月　社会福祉法人六甲福祉会副理事長（～令和3年3月）

森脇　恵美（もりわき えみ）
社会福祉法人千種会　法人本部CMO
昭和45年4月17日　兵庫県宍粟市（当時、宍粟郡）千種町生まれ
平成2年3月　華頂短期大学　社会福祉学部　児童福祉学科卒業
平成2年4月　社会福祉法人千種会　ちくさの郷入職
平成12年8月　社会福祉法人六甲福祉会の開設にあたり異動
平成30年7月　現職に従事

塚口伍喜夫（つかぐち いきお）
昭和12年10月　兵庫県生まれ
昭和33年3月　中部社会事業短期大学卒業　4月日本福祉大学3年編入学
昭和33年8月　日本福祉大学中途退学
昭和33年9月　兵庫県社会福祉協議会入職
その後、社会福祉部長、総務部長を経て事務局長、
兵庫県社会福祉協議会理事、兵庫県共同募金会副会長を歴任
平成11年4月　九州保健福祉大学助教授・教授・同大学院教授
平成17年4月　流通科学大学教授・社会福祉学科長
平成25年10月　NPO法人福祉サービス経営調査会理事長、顧問
平成28年5月　社会福祉法人ささゆり会理事長、現在に至る

神谷　知美（かみや　ともみ）

昭和55年9月　宮崎県生まれ
平成10年3月　宮崎女子高校卒
平成14年3月　九州保健福祉大学社会福祉学部卒
平成14年4月　社会福祉法人千種会入職
　　　　　　その後、介護主任、グループホーム管理者を歴任
令和4年4月　有料老人ホームル・モンド副支配人　現在に至る

付加価値は新たな創造

― 社会福祉法人千種会の挑戦 ―

2024 年 4 月 22 日　初版第 1 刷発行

■編 集 者――森脇恵美・塚口伍喜夫・神谷知美
■発 行 者――佐藤　守
■発 行 所――株式会社 大学教育出版
〒 700-0953　岡山市南区西市 855-4
電話（086）244-1268　FAX（086）246-0294
■印刷製本――サンコー印刷 ㈱

ISBN978 - 4 - 86692 - 296 - 6